Incomplete Contracts,
Mergers and Acquisitions and Mixed Ownership Development

不完全契约、
并购与混合所有制发展

李双燕　编著

中国财经出版传媒集团
经济科学出版社
Economic Science Press
北京

图书在版编目（CIP）数据

不完全契约、并购与混合所有制发展 / 李双燕编著
. --北京 ：经济科学出版社，2024.2
ISBN 978 - 7 - 5218 - 5662 - 0

Ⅰ. ①不… Ⅱ. ①李… Ⅲ. ①中国经济 - 混合所有制
- 研究 Ⅳ. ①F121.24

中国国家版本馆 CIP 数据核字（2024）第 052033 号

责任编辑：卢玥丞
责任校对：李　建
责任印制：范　艳

不完全契约、并购与混合所有制发展
BUWANQUAN QIYUE, BINGGOU YU HUNHE SUOYOUZHI FAZHAN
李双燕　编著
经济科学出版社出版、发行　新华书店经销
社址：北京市海淀区阜成路甲 28 号　邮编：100142
总编部电话：010 - 88191217　发行部电话：010 - 88191522
网址：www. esp. com. cn
电子邮箱：esp@ esp. com. cn
天猫网店：经济科学出版社旗舰店
网址：http：//jjkxcbs. tmall. com
北京季蜂印刷有限公司印装
710 × 1000　16 开　12.25 印张　200000 字
2024 年 2 月第 1 版　2024 年 2 月第 1 次印刷
ISBN 978 - 7 - 5218 - 5662 - 0　定价：85.00 元

前　言

　　党的十八大以来，混合所有制改革加速推进，实践中涌现出不少典型的混合所有制改革成功的案例，但不容忽视的是，混合所有制改革仍然存在一些需要解决的问题，例如，通过哪种方式能够快速对国有企业进行改革？权力如何在国有资本与非国有资本之间进行配置？如何激励双边主体积极并且长期参与混合所有制改革？这些问题的回答对于深入推进混合所有制改革具有重要的理论和现实意义。本书基于笔者长期以来在契约理论领域的研究，从并购的实践出发，从不完全契约理论角度思考混合所有制改革问题，综合运用理论研究、实证研究以及案例研究的方法，对以下七个方面的内容进行分析。

　　第一，本书描述了混合所有制改革的背景。第二，对相关理论基础及文献进行了综述。第三，通过构建控制权配置的理论模型及实证研究方法，对混合所有制企业控制权配置演变与经济后果进行了研究。第四，进一步将控制权配置、并购与混合所有制发展联系起来，讨论了实践中通过控制权配置成功实施混合所有制改革、并购驱动混合所有制结构形式与优化的案例。第五，构建了基于不完全契约的并购退出混合所有制的理论模型情景，并探讨了相关案例。第六，对差异化并购路径选择模式的混合所有制企业控制权配置差异进行了分析，对效率进行了评价。第七，对多元化并购手段发展混合所有制提出了相应的政策建议。

　　本书的逻辑框架与主线由笔者制定，感谢本书的研究团队成员，她（他）们是乔阳娇、王丹、常歌、刘畅、董浩、赵宁、谈笑、冀梦玄、任奕平、杨钰欣、白龙、冯硕、刘冰清、卢诗媛、王浩川，分别对各章中的撰写作出了切实的贡献。当然，本书难免有疏漏之处，文责自负。

目　录

C O N T E N T S

第4章 控制权配置、并购与混合所有制形成与结构优化

第5章 并购退出混合所有制的理论与案例分析

第6章 差异化并购路径选择、混合所有制企业控制权配置差异及效率评价

第 7 章　政策建议

第 1 章

混合所有制改革的背景

1.1 混合所有制的含义与发展阶段

自 1978 年改革开放以来，中国经济取得了举世瞩目的成就，1978 年中国的国民生产总值仅约 3645 亿元，人均国民总收入只有 190 美元，到 2017 年已超过 80 万亿元，稳居全球第二大经济体，到 2021 年，国内生产总值超过了 100 万亿元，与世界最大经济体美国的差距进一步缩小①。中国经济在过去四十多年中发展如此迅速，得益于中国特色社会主义市场经济的确立和发展。在该过程中，所有制理论经历了创新型的转变，具体表现为从"以公有制为主体，以非公有制为补充"向"以公有制为主体，多元所有制共同发展"的方向演变，有效激发了多种生产要素活力迸发，助力经济实现又好又快的发展。混合所有制企业诞生于中国特色社会主义发展的道路上，在过去的四十余年间，中国国有企业的混合所有制改革与经济发展一直相辅相成。

混合所有制是指在社会主义市场经济中，在遵循依法治企的前提下，

---

① 资料来源：国家统计局网站。

国有资本与其他多种非国有资本交叉持股、允许内部员工持股、各持股主体相互融合形成的多元化产权体系。混合所有制经济并非新生事物，作为一种处理国有企业和民营企业关系的模式，它始终伴随着中国社会主义市场经济体制改革的全过程。自 1979 年改革开放以来，我国理论界和实践界在不同时期对国有经济与非国有经济的促进和融合进行过长期的争论，如在 20 世纪 90 年代改革之初资本姓"社"还是姓"资"的讨论，21 世纪初国有企业改革会造成"国退民进"还是"国进民退"结果的讨论，在这些讨论和争议中，混合所有制经济不断完善和发展，成为我国基本经济制度的有机组成部分，社会思潮也逐步摈弃了"国退民进"和"国进民退"的争论，大力提倡"国民共进"。在中国特色社会主义改革的进程中，社会主义市场经济实践与理论政策发展相辅相成，呈现出"理论政策指引着实践的发展方向，政策又根据实践发展需要不断进行调整"的历程。纵观混合所有制经济的发展历史，大致分为四个阶段。

（一）尝试探索阶段

这一阶段的混合所有制经济发展处于改革开放的开始阶段，时间跨度约为 1978～1992 年，在这一阶段，随着东部沿海地区的逐步开放，以中外合资、中外合作体现的外商对华投资方式逐步开启了国有企业与外资企业的合作，与此同时，国有资本与民营资本合营的企业案例逐步增多（刘泉红和王丹，2018），混合所有制的雏形已逐步显现，而在此阶段的国有企业自身的"放权让利"改革、"利改税"改革、"经营承包责任制"改革都充分促进了混合所有制经济的发展。1984 年北京天桥百货商场改制为百货股份有限公司，该公司是第一家由国有企业转制而成的股份制公司，该公司按集体企业的办法管理，实行独立核算、自负盈亏，实施浮动工资和职务津贴制度，随后企业的营业额和资产都得到了显著的提升。到 1992 年底，天桥百货股份有限公司开始发行股票，初步反映出股份制是值得探索的企业制度。与此同时，理论学术界也展开了思想的大讨论，提倡国有企业改革可以从股份制形式开始试点。而政府在实践中通过试点和吸纳学术界的观点后，经过论证，在 1987 年党的十三大报告中提出要"以公有制为主体的前提下发展多种经济成分"（王董和董梅生，2019）。可以说，股份制的尝试和探索开启了改革开放后混合所有制改革的序幕。

（二）以股份制促进现代企业制度建立阶段

该阶段时间跨度约为 1993～2002 年，在经过试点成功后，政府在混合所有制经济改革的理论认识方面得到了极大的提升。1993 年，党的十四届三中全会提出"财产混合形式"经济单位的概念，还建议将发展势头良好的大中型国有企业改制为上市公司，改革的方向是建立现代公司制度。此后，伴随着深沪证券交易所的成立和发展，一批国有企业积极进行了改革，包括公司制、股份制改革，通过挂牌上市的方式逐步实现了股份制，创建了初始的现代企业制度。1997 年，"混合所有制经济"这一概念在党的十五大上被正式提出，将公有制经济的范围界定进一步扩大，除了包含国有经济和集体经济，混合所有制经济中的国有成分和集体成分也包含在其中。在国有企业改革不断深入的背景下，党的十五届四中全会于 1999 年通过了《中共中央关于国有企业改革和发展若干重大问题的决定》，提出"推进国有企业战略性重组，建立和完善现代企业制度"的要求，以及"探索公有制的多种有效实现形式，大力发展股份制和混合所有制经济，重要企业由国家控股"等[①]。随后，一大批中小型企业通过战略重组、兼并和出售等方式进入市场。2002 年，党的十六大提出"两个毫不动摇"[②]，即"必须毫不动摇地巩固和发展公有制经济"和"必须毫不动摇地鼓励、支持和引导非公有制经济发展"，特别提出不能将这两种经济形式对立起来，而应使各种所有制经济在市场竞争中发挥各自优势，相互存进和共同发展。

---

① 中共中央关于国有企业改革和发展若干重大问题的决定 [EB/OL]. 中国新闻网，2002 - 05 - 16.

② 始终坚持"两个毫不动摇"（人民要论）[EB/OL]. 人民网，2024 - 03 - 19.

（三）股份制改革阶段

股份制改革阶段时间跨度为 2003~2012 年。当现代企业制度日趋完善，我国混合所有制企业的活力明显变强，但是关于产权方面的问题仍需要解决，本阶段中股份制改革成为混合所有制企业改革的重点。2003 年，国务院国有资产监督管理委员会（以下简称"国资委"）正式成立，国资委的主要职能是指导推进国有企业改革和重组，监督实现国有企业的保值增值。与此同时，党的十六届三中全会审议通过了《中共中央关于完善社会主义市场经济体制若干问题的决定》，提出"大力发展国有资本、集体资本和非公有资本等参股的混合所有制经济，实现投资主体多元化，使股份制成为公有制的主要实现形式"，明确多元化的参股主体构成的股份制成为实现混合所有制经济的主要形式[①]。2007 年，党的十七大提出要以"深化国有企业公司股份制改革，健全现代企业制度"，"以现代产权制度为基础，发展混合所有制经济"[②]。2012 年，党的十八大提出要"破除所有制歧视"，毫不动摇地巩固和发展公有制经济，并且推行公有制的多种发展方式并存（王董和董梅生，2019）。这一时期确定的国有企业股份制改革既增强了公有制经济的地位，又通过现代企业制度的建立和国有企业中法人治理结构的完善，促进了国有企业和民营企业共同发展，对于促进中国经济改革具有重大的理论和现实意义。

（四）混合所有制改革新时期

该阶段时间跨度是 2013 年至今。经过多年的经济改革和国有企业改革实践，已经充分证明了在混合所有制背景下，对公有制和市场经济的有机结合有利于生产力的进一步发展提升。2013 年，在党的十八届三中全会上，通过了《中共中央关于全面深化改革若干重大问题的决定》，明确

[①] 中共中央关于完善社会主义市场经济体制若干问题的决定 ［EB/OL］. 中国新闻网，2003 - 10 - 14.

[②] 十七大报告解读：形成各所有制经济平等竞争格局 ［EB/OL］. 中国新闻网，2007 - 12 - 08.

提出了"积极发展混合所有制经济""允许其他所有制经济发展成为混合所有制经济""各类资本交叉持股、相互融合"① 等国有企业战略改革新方向，掀开了新时代混合所有制改革的大幕。中共中央、国务院随后下发《关于深化国有企业改革的指导意见》，明确要对国有企业分层分类进行改革，改革变得更具有精确性和针对性。2016 年 9 月国家发展改革委召开专题会，部署国有企业混改试点工作，多家中央企业被列入首批试点。在 2016 年 12 月召开的中央经济工作会议中，提出了在多个领域中做出实质性改变的要求，随后进行了第一批混合所有制改革试验。"混合所有制"呈现出了更多、更新的改革内涵，其改革不仅包括通过"引入非国有资本参与国有企业改革"以激发国有企业的活力，还包括"国有资本对非国有企业进行投资，参与非国有企业改革"以强化民营企业参与改革的动力，这一时期的改革大大拓宽了混合所有制改革的范畴。2019 年 10 月国资委印发《中央企业混合所有制改革操作指引》，对于混合所有制改革的可行性研究、制订混合所有制改革方案、履行决策审批程序、开展审计评估等方面提出了明确的操作指南。在 2020 年 5 月，中共中央国务院颁布《关于新时代加快完善社会主义市场经济体制的意见》文件，提出在"毫不动摇巩固和发展公有制经济，毫不动摇鼓励、支持、引导非公有制经济发展"的基本指导下，"积极稳妥推进国有企业混合所有制改革"，在执行过程中，特别强调"坚持一企一策，成熟一个推动一个，运行一个成功一个"的改革思路，对于改革不设具体的时间点②。可以说，这一阶段的混改更务实、更具体，特别强调混改后无论是国有控股、民营控股还是无实际控制人状态，无论是哪种类型的资本，各方出资主体都应遵循现代公司法下的行为准则，实现"依法治企"，这是混合所有制经济进入了现代化发展阶段的标志。

在回顾了我国混合所有制经济发展的历史，不难发现，党中央和国务院对于国有企业混合所有制改革在每一个重要的历史节点上，坚持通过试点和实践总结经验，与理论不断的结合修正，并稳步向纵深发展推进。

---

① 中共中央关于全面深化改革若干重大问题的决定［EB/OL］. 中国政府网，2013 - 11 - 15.

② 中共中央 国务院关于新时代加快完善社会主义市场经济体制的意见［EB/OL］. 中国政府网，2020 - 05 - 18.

因此，有必要在现阶段总结目前混合所有制改革面临的问题，并为下一步改革提出建议。

1.2 混合所有制改革面临的问题

1.2.1 "混改"顾虑尚未消除，动力不足

如何促进混合所有制经济发展、提高混合所有制企业的生产效率，一直是实践界不断摸索和学术界研究的重要问题。李双燕和苗进（2020）回顾了我国混合所有制改革历史，发现有以下三个方面的特点：第一，国有企业一般参与的是自上而下"政策导向型"模式来进行混合所有制改革，也就是说，其动力主要来自外部，实施中央和地方的改革政策作为主要任务。在这种模式下，国有企业混改是一种被动的改革，其中非国有资本参与的积极性不高。第二，民营企业参与混合所有制改革的路径体现在国有资本的引入上，这通常表现为"市场导向"的改革模式，即民营企业积极参与混改，是为了有效地利用国有资本带来的各种资源优势。但在这种改革模式下，国有资本很少参与混合所有制企业的具体运作，因此难以有效地改善治理机制。第三，公司重组在不同行业中的影响是完全不同的。例如，垄断行业、竞争性行业和公益行业中的国有控股比例不同，改革后的股权制衡和运营效率也会有所差异，中央层面倡导对不同行业分层进行改革，在一些垄断性行业中，非国有资本进入就会有所顾虑，担心没有话语权。因此，如何区分国有资本与非国有资本之间的权力分界，如何合理配置股权，形成适当的股权制衡，以及如何运用股权制衡提高混合所有制企业的效率是关键。除此之外，混改推进过程中还存在股权定价问题，毛新术（2020）的研究发现，混合所有制推进过程中仍存在分拆上市和公司制改造中的股权定价困难，非竞争性行业的上市公司更愿意增加持股而不是出售股份。

綦好东等（2021）研究发现，在混合所有制的构建过程中，存在来自既得利益者的阻力，国有资本权力寻租、大股东掏空企业、管理层横向合谋的

潜在可能，这将导致非国有资本失去参与混合所有制的积极性。当前中国改革呈现出一些特征，即既得利益集团希望维持现状以谋求继续寻租，而其他弱势集团很可能把产生的社会问题归咎于改革的实施，故而反对进一步混合所有制改革。一部分国有资本面临准租金被攫取的威胁，参与混合所有制改革的动力不足，主观上有"不想改"的抵触意识，一些国有企业管理者担心推动改革会对"可能的国有资产流失"风险承担责任，而非国有资本则担心市场准入不够开放，其所持股份比例过小，拥有较少的话语权，对国有资本难以形成有效的制衡机制，经营与管理不能以市场为导向进行决策，权益也不能得到充分保护。这些顾虑使混合所有制改革的动力显得不足。

1.2.2　内部产权界定仍有待完善，外部产权市场活跃性有待加强

2016 年，由中共中央和国务院发布的《中共中央国务院关于完善产权保护制度依法保护产权的意见》中，明确指出："产权制度是社会主义市场经济的基石"，充分指出了清晰的产权界定在改革中的重要性①。在国有企业的经营管理过程中，存在政府直接干预国有上市公司决策的情况，在国有产权中，存在代理人和所有人之间的关系和界限不太明晰，因此造成了"内部人控制""关联交易"等问题，这些现实可能导致国有资产流失，同时国有企业负责人也可能因为拥有公权力而做出不被察觉的侵害私有产权的行为，因此改革首先要清晰界定产权。

除此之外，外部产权市场活跃程度不够，导致国有资本流动受到约束。中国的产权交易市场诞生于 20 世纪 80 年代，目前主要包括一线区域的中心市场，省级产权交易市场和各市、县（区）一级的产权交易市场，但目前我国产权交易以金融资产交易金额较为庞大，而各类所有制企业产权转让项目相对较小，活跃度不够强。

---

① 中共中央 国务院关于完善产权保护制度依法保护产权的意见 [EB/OL]. 中国政府网，2016 - 11 - 04.

1.2.3　改制后垄断性国有企业的公司治理效率有待提升

中国特色社会主义市场经济特性决定了国有企业在经济发展过程中的不可替代性。在改革开放的40余年中，国有企业在涉及国家安全和促进国民经济的关键领域发展中发挥了不可替代的作用，是国民经济的重要支柱。促进国有经济更好发展，是推动国家经济持续发展，巩固经济发展成果的重要环节。随着市场经济的推进，国有企业不适应市场经济发展的缺陷逐渐显露出来。资本的逐利性要求国有资产在效率原则下运营，充分发挥资本的作用以获得最大化收益。但是国有资产也应在效率优先的情况下兼顾公平，两者可能存在矛盾。另外，部分国有上市公司具有资源垄断、经营垄断的优势。事实上，由于国有企业在所有制上的"优势"，使其获得了包括信贷在内的许多经济资源，但由于其运营效率低于非国有企业，这种资源错配现象导致了经济发展的低效。当经济增长处于高速阶段的时期，这种抑制作用不太容易显现出来，随着中国经济度过高速增长阶段进入新常态，经济增长速度不再维持之前的高速状态，转而向平稳发展，这种抑制作用就不容忽视了。因此，对于这些垄断性的国有企业来说，在改制后提升公司治理效率迫在眉睫。

1.2.4　非国有资本缺乏灵活的退出机制

李东升等（2015）指出，能否最大限度地利用各种资源要素的利益，以及能否重构利益机制来解决混合所有制改革中出现的各种利益冲突，减少摩擦和阻力，从改革中获得最大利益，通过互惠互利和共存互利共赢是国有企业混合所有制改革的核心。而非国有资本参与混合所有制改革的顾虑是国有资本作为控股股东可能挤占其他资本。基于以上原因，国有资本和民营资本之间应该存在双向选择，充分发挥各自的优势，在想退出的时候，要有退出的渠道，此时，如何设计有效的退出机制就非常有必要，这样一旦在企业经营方面与国有企业出现了冲突和矛盾，就可以按规则尽早退出，避免矛盾的激化或利益受到损失。但是，在实践中，不乏出现民营资本进入混合所有制企业中，因经营不善又无权退出的现象，这极大地降低了民营资本参与混改的积极性。现实中还存在民营资本被迫退出一些行业的例子，如在煤矿行业、电力行业改革过程中，一些地区出台了民营资本被强制退出和被国有企业收购、关停的政策，致使民间资本的利益无法得到保障。因此，研究民营资本如何退出的机制，具有十分重要的意义。

1.3　从不完全契约和控制权配置角度理解混合所有制改革

以企业间合作为研究对象的不完全契约理论认为，有效的控制权配置可以提升合作效率，即将控制权配置给投资重要的一方（以下简称"GHM框架"）（Grossman & Hart，1986；Hart & Moore，1990）。以往有关我国公私合作的理论研究大多数在 GHM 框架下进行，探讨的重点是控制权分配的决定因素，即在何种条件下，控制权配置给哪一方可以达到最优状态。如张喆等（2009）发现当公司存在自利性投入时，根据不同的参数将不同程度的控制权分配给公共或私营部门是提高合作效率的有效和关键方法。曹宏铎等（2014）发现，对于纯公共产品，分配控制权的决定因素是项目评估指标。对于纯私人产品，能力则是决定因素；对于即将成为公共产品的物品，由评估指标和双方的能力特征来共同决定控制权的分配。除了上述理论研究外，一些案例和实证研究也对实际混改过程中的控制权配置效果进行了分析。沈红波等（2019）对云南白药混改进行了研究，发现公司进行混合所有制改革后，地方国资委和民间资本共同控制了上市公司，云南白药公司也在这之后变成了没有实际控制人的状况，成功实现了政府、注册资本及管理人利益三者的统一。陈林等（2019）对混合所有制企业所有权结构对创新行为影响的研究表明，在小型混合所有制企业中，非国有资本的最终控制权有利于创新，而对于国有资本控制的混合型企业，其最终控制权的地位加强并不能激发企业的创新行为。沈昊和杨梅英（2019）

对招商局集团的案例进行了研究，分析了混改中引入非公股东的类型和时机对公司业绩和治理的改善作用，认为国有控股和国有参股模式哪一种更好没有绝对的差别，关键是市场需要在资源配置中起作用。

格罗斯曼和哈特（Grossman & Hart, 1986）指出，由于契约的不完全性，除了契约中可以预先制定的特定权利外，还有一些剩余权力无法提前制定，这部分权力就是剩余控制权。剩余控制权是一种直接来自物质资产的所有权，等同于所有权。当一个人拥有的资产越多时，他的外部选择权就越多，剩余的控制权就越大。同样当谈判能力越强时，也可以获得更多的控制权，因此，事前的专用投资激励措施更强，但剩余控制权是服从0～1分布的，获得剩余控制权的一方增加了投资激励，而失去的一方相应也就减少了投资激励。不完全契约理论认为，应使用剩余控制权的分配来确保在次优条件下实现最大化总剩余的最佳所有权结果，这意味着要把所有权安排在非投资的重要一方或必不可少的部分。从不完全契约理论中可以看到，由于当事方的有限理性，以及存在一些交易成本，包括用于预测、订立和执行契约的三种成本，当事方只能签订不完全的契约，在契约的运行中，当事方需要根据现实情况进行调整。混合所有制企业本质上是国有资本和非国有资本签订的一个不完全契约，汤吉军（2017）从不完全契约角度解释了企业为什么需要发展混合所有制，根据资产专用性的概念，他分析了大型的国有企业在自由市场上准租金如何进行分配的问题。混合所有制这一契约在形成和运作过程中，国有资本和非国有资本双方的关系不可能一成不变，而应根据企业业绩或其他可能的状态不断地进行控制权的调整。特别要强调的是，混合所有制的发展并不是盲目强调私有化，而是要根据契约环境做出实时调整。

根据上述分析，笔者认为，国有资本和非国有资本交易双方之间的关系是动态的，而不是静态的，随着时间的流逝，这种关系将发生变化，一些突发事件可能发生在初始交易或契约履行期间，无法轻易预测或包含在计划中。因此本书提出了从不完全契约视角研究混合所有制改革的思路（见图1-1）：在混改前，参与主体对契约签订各自有预期，在混改过程中契约条款的设计合理性有待加强，在混改后为了提高混改效率，契约执行效率有待加强，需要通过控制权的配置来维护国有资本和非国有资本的关系。

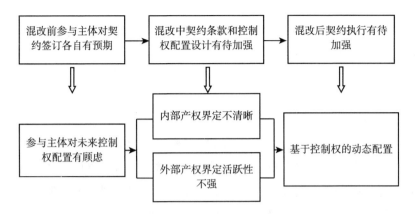

图 1-1 基于不完全契约框架的混合所有制改革框架

1.4 并购与混合所有制改革

2013 年，党的十八届三中全会上通过了《中共中央关于全面深化改革若干重大问题的决定》，该文件明确指出混合所有制是各类资本交叉持股，相互融合的持股结构，这就说明了其产权配置将不会是固定不变的刚性状态，而应是一种动态活性的结构。如何有效配置资源达成这种结构？需要充分了解混合所有制发展所处的不完全契约环境，不完全契约理论认为，有效的控制权配置可以提升合作效率，可以将控制权分配给比较重要的一方，但是，由于拥有控制权的一方会攫取控制权私有利益，如何平衡双方的利益关系，通过并购避免机会主义行为，是提升国有和非国有资本合作效率的关键。作为实现控制权配置的重要方式，并购可搭建利益主体的进入机制，使混合所有制结构快速形成。

在混合所有制企业的经营中，还必须根据变化的条件和信号动态调整国有和非国有资本之间的控制权，此时并购又可以提供灵活的退出渠道，有效解决利益主体的长期激励相容问题。因此在经济转型的现阶段，如何从控制权配置视角对并购在促进混合所有制发展过程中的作用深入认识，成为当前改革攻坚中亟待解决的重要问题。

1.5 本书的创新点

本书可能的创新之处体现在以下两个方面。

（1）学术创新点：以往研究混合所有制改革的实证文献多从检验混改的效率及混合所有制改革的影响因素角度出发，本书则侧重于机制设计，即如何进行混合所有制改革，并结合不完全契约和控制权配置理论，以并购作为切入点，研究通过不同的并购路径驱动不同混合所有制结构的实现。也为不完全契约理论在实践中的运用提供了现实的土壤。

（2）实践创新点：本书以"实证+案例+模型"的方式，突出混合所有制企业构建过程中的"形成、运作、退出"，强调不同的路径和模式，较以往研究更具全面性。本书围绕改革过程中的痛点问题，提出了混合所有制改革的政策建议，研究目标更加聚焦。

1.6 本书内容框架

本书立足于国有企业混合所有制改革的实践背景，探讨从不完全契约和控制权配置角度出发，研究通过并购驱动混合所有制的发展。后续章节研究框架安排如下。

第2章为理论基础及文献综述，阐述了不完全契约理论和控制权配置的相关理论，对控制权配置及混合所有制相关文献进行综述。

第3章为混合所有制企业的控制权配置的演变与经济后果，包括混合所有制企业控制权配置模型构建，混合所有制企业控制权结构的结构演变分析，不同所有制和不同行业下的控制权配置与企业运营效率。

第4章为控制权配置、并购与混合所有制形成与结构优化，包括并购如何促进混合所有制结构形成，并购驱动混合所有制结构形成与优化的案例研究，控制权配置、企业家能力与混合所有制企业的联合控制权案例分析。

第 5 章为并购退出混合所有制的理论与案例分析，包括基于不完全契约理论的模型情景设定，不同契约情景下国有资本与非国有资本的动态博弈，并购退出的案例分析。

第 6 章为差异化并购路径选择、混合所有制企业控制权配置差异及效率评价，包括国有企业并购民营企业路径选择的案例分析，民营企业并购国有企业路径选择的案例分析，基于行业异质性的国有上市公司股权转让效率评价，国有参股制造业上市公司的全要素生产率研究。

第 7 章为政策建议。

本书结构框架如图 1 - 2 所示。

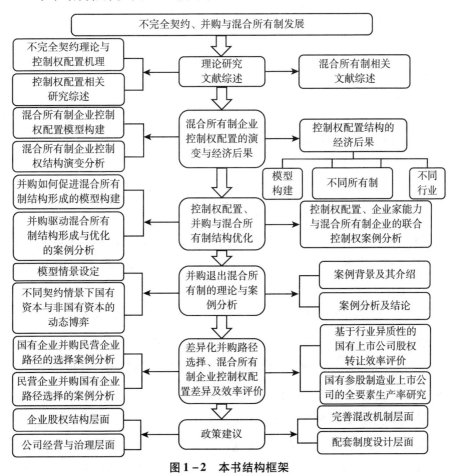

图 1 - 2　本书结构框架

第 2 章

理论基础及文献综述

2.1 不完全契约理论与控制权配置机理

2.1.1 不完全契约理论

哈特认为，不完全契约的形成有以下原因：第一，不确定性的存在使人们无法预测未来；第二，尽管可以预见未来，但很难准确地将所有细节写在契约中；第三，就算可以签订契约，在发生争议时诉诸第三方的成本也很高。该理论认为，由于当事方的有限理性及用于预测、订立和履行契约的交易成本，当事方只能签订一份不完全的契约，无法涵盖所有可能发生的情况。由于并购双方之间的契约不完全，因此并购双方无法在签订契约之前详细写明所有可能的情况以及他们在契约中的责任和义务，双方无法完全预期并购的不同状态，以及另一方可以采取的行动，这种不完全契约概念的引入，产生了分配权力的方式及不同权力对缔约效率的影响。由于契约不完全，资产的某些权力无法在契约中明确定义，或者其定义成本很高，这构成了剩余的控制权，而这种权力成为所有权的中心内容。剩余控制权是在原始契约未指定的任何情况下决定如何使用公司非人力资本的专有权，是非人力资本所有者持有的排他性权力。考虑契约的不完全性，控制权的不同分配将导致社会效率的差异，具体到公司中，现代企业制度的发展与提升导致了企业中产生了所有权和控制权分离的现象，因此，从不完全契约理论视角研究国有企业的所有权和控制权分离现象，是非常契合实践的。

2.1.2　控制权配置机理分析

理论上，在一个契约中，控制权是如何进行配置呢？本书以哈特和莫若（Hart & Moore，2005）的模型为基础，针对并购过程中的控制权配置思想进行解析。假定最初并购方 A 和目标方 S 分别拥有资产 a1 和 a2，考虑三种的权利配置结构状态：一是非合并状态；二是 I 类合并状态（A 兼并 S）；三是 II 类合并状态（S 兼并 A），根据双方的收益函数，他们得出了三个重要的命题：（1）倘若 A 的投资决定缺乏弹性或与其他相比来说缺乏生产力，则 I 类合并状态为最佳。即控制权应该配置给 A，在这一点上，一旦 A 获得了更多的资产，投资动机至少不会减弱。（2）如果资产 a1 和 a2 彼此独立并且合并仅具有缺点而没有优势，则未合并状态为最佳，否则，如果资产严格互补，任何一种合并都在改善并购方的同时，不会弱化目标方的激励，所以合并状态是最佳的，此时控制权可以配置给并购方也可以配置给目标方。（3）如果 S 的人力资本是非常关键的，这个时候最好的状态是第 II 类合并状态，即控制权应该配置给 S，因为 S 的人力资本可以显著促进并购效率的提升。（4）如果双方的人力资本都是重要的，那么所有的控制权配置都同样地好。哈特的模型说明了在并购过程中，控制权的有效配置能够实现缔约双方的有效率投资，从而提升并购效率。值得注意的是，哈特的模型侧重于并购过程中控制权的 0 ~ 1 配置，即控制权要么配置给 A，要么配置给 S，实际上，后续的模型研究已经放松这一假设前提，认为控制权不是值为 0 或 1 的二值变量，而是根据需要及状况进行调整的连续变量，并且最优的控制权分配可以通过双边的讨价还价方式来实现。这种控制权的相机配置思想对并购过程中的控制权配置研究提供了新的思路。上述模型结果主要用以分析企业一体化（并购）过程中剩余控制权的 $0 \sim 1$ 配置，而实际上，现实中的控制权配置常常是连续的，基于哈特等研究的不足，徐细雄（2007）在研究金融公司与投资者之间订立金融契约后控制权的归属问题时，先引入连续变量 λ，令 $\lambda \in [0, 1]$，λ 用来表示投资者转移出的控制权，证明了 λ 可以根据外部监管环境、管理团队声誉等因素进行动态调整。

不完全契约理论认为，在契约不完备的情况下，企业控制权的配置就显得非常重要。这一理论认为，应该通过资产所有权或者剩余控制权的配置，来确保在次优条件下建立能够使总剩余最大化的最佳所有权结构，这就要求把所有权安排给投资重要或者不可缺少的一方。企业的边界不是由有形资产的范围决定的，而是由当事方从事的活动范围决定的，而活动则是由无法在技术上划分的生产单位组成。因为事后谈判也许达不到效果，因此不整合（不进行合并和收购）可能会造成协调不足的问题，但可以保护每个公司的股东控制权的收益。合并（兼并和收购）有利于公司之间关系内部化具有积极的外部性，但丧失了对合并后公司股东收益的控制权。因此，企业的最佳范围应该是在吸收外部性和保护控制权利益之间的平衡，该观点说明了在并购过程中需要对控制权收益冲突问题进行解决。上述结论对混合所有制结构形成的直接启示是：如果要提升混合所有制结构的效率，需要设计兼顾并购双方控制权利益诉求的契约条款。

近年来，其他关于控制权配置机理的相关研究中，覃家琦等（2021）重点分析了企业治理结构中企业家控制权对资本配置效率的影响，并基于中国民营上市企业的数据实证检验了引入创业资本对企业家—资本配置效率这一机制的影响情况；李广众等（2020）研究发现在寡头竞争市场中，对国有企业管理人引入相对绩效评价机制可能会抑制公司具有协同效应的并购行为；刘汉民等（2018）以央属混合所有制上市公司为研究对象，实证研究了股权和控制权非对等配置的逻辑合理性，并得出适度降低前五大股东中国有股占比有利于提高国有企业绩效等结论。

2.2　控制权配置相关研究综述

2.2.1　控制权配置方式及影响因素

基于不完全契约理论框架，许多学者对控制权理论的应用开展了研究，包括企业内部权力配置（Hart & Moore，1994）以及企业战略联盟问题研究（Dessein，2005）等，这些研究都有着相同的逻辑，即进行签约的双方有效率的投资可以通过合理配置控制权来实现。除此之外，典型的控制权配置问题也被运用到风险资本投资的过程中，如格特纳、斯卡夫斯坦和斯坦（Gertner，Scharfstein & Stein，1994）分析了控制权在风险投资过程中的重要性，他们将企业家控制解释为内部资本市场，将投资者控制解释为外部资本市场。分析结果表明，投资者期望获得控制权来更好地增加公司的价值。阿根翁和博顿（Aghion & Bolton，1992）对公司控制权的授予进行了深入分析，并描述了公司与富裕的投资者合作时授予控制权的问题。他们将企业的收入分解为企业家独占控制权的收入和投资者期望的货币收入。该模型认为，当双方都存在目标利益冲突且无法签订完全契约时，分配控制权及其最终转移的方法非常重要。分析结果表明，如果企业家的控制权随企业总收入的增加而单调增加，则企业家具有控制权是有效的。如果投资者对货币收益的关注和公司总收入单调增加，则其控制权有效。如果任何一方的收入都不随企业总收入的增长而单调增长，则执行根据情况改变的控制是有效的：当企业的绩效更好时，企业家控制；当公司业绩不佳时，投资者拥有控制权力。瓦克浓（Vaukonen，2003）通过结合分配控制权的两个因素，提出了一种连续相机分配控制权的模型，通过建立基于信号的控制权分配模型，得出如下结论：如果公司的业绩信号不好，投资者将获得完全控制权；如果信号质量中等，双方共享控制权；如果信号良好，承包商将保留全部控制权。他们还证明在某些参数约束下，与信号相关的控制权分配契约明显优于其他控制权分配方法。为了更好地了解控制权的有效分配和金融工具的使用，科普兰和斯特穆伯格（Kaplan & Stromberg，2003）对美国风险资本融资的实证研究发现，风险资本融资中使用的两个最常见和最重要的工具是可转换债券的广泛使用和控制权的选择性授予。在以上理论的基础上，格巴哈德和斯克米（Gebhard & Schmidt，2006）进一步研究了可转换债券在风险资本过程中的使用。他们认为，由于企业家有动机利用控制权获得私人利益，就使用而言，他将把风险资本家提供的资金用于私人目的，而不是增加项目收入，如果控制权的收益显著，企业家甚至会放弃业务收入以增加其私人收入。如果企业家拥有所有的剩余所有权，并且保留了对公司的控制权，那么他将选择最大化自身收益；风险投资者可以通过观察行业业绩的情况，决定是否转换成期权来达到动态配置控制权的目的。他的研究结果表明，可转换债券作为反映控制权动态分配的一种契约形式，可以有效地激励融资者。

格拉瑞克等（Kolaric et al.，2020）从理论模型角度研究了在保证约束和在线强化下最优的动态控制权分配，提出了一个新的动态控制权分配的公式。而窦炜等（2015）讨论了上市公司投资效率低和投资者保护制度相对缺陷的问题，他们遵循控制权的授予—公司的投资行为和公司的运营效率—公司绩效这一逻辑分析流程具体展开讨论，详细说明了公司内部运营效率机制的逻辑，在控制权分配的基础上，系统地梳理和解释了企业投资决策的运作效率机制与外部投资者保护机制之间关系的结果。在现实案例方面，易阳等（2016）以雷士照明公司在控制权方面的两次竞争为例，从资产的特殊性出发，在理论框架和沟渠效应分析的基础上，分析了特定资产配置的影响。

林钟高和徐虹（2011）讨论了内部控制系统的效率是内部控制制度的运行效率和制度实施效率的有机结合。他们从分工和控制权归属两个角度出发，认为企业内部人员控制是有效的权力制衡机制，文章进一步分析了分工的技术效率对内部控制系统效率的影响，并从静态和动态分配剩余控制权方面中提出了衡量和改善内部控制分配和经营效率的理论。瑞克特和维兹（Richter & Weiss，2013）从公司、行业和国家层面研究了公共公司所有权集中度的决定因素，发现公司和国家层面的因素对所有权集中度的影响远远超过了行业层面的因素，制度因素在所有权集中度方面起到了非常关键的作用。李等（Li et al., 2021）研究了商业团队中政治不确定性对于决策权配置的影响，他们以政府官员的更替作为政治不确定性的外生冲击变量，发现当政治不确定性越高时，商业团队更可能将决策权配置给子公司，但是这个结果只在非国有企业中更明显，在国有企业中不明显。

2.2.2 控制权配置的效率

崔淼等（2013）探讨了合资企业控制权配置与资源如何相互演化。刘星等（2014）提出大股东和小股东现有的委托代理问题，主要反映在公司投资决策中，大股东为了寻求自身回报的形式而做出投资过度或投资不足两种行为。在制度方面，屈晶（2015）提出，企业制度改革和资本市场经过多年改革与发展，我国上市公司的经营效率结构在逐渐发展完善。公司的控制权一般来说归公司内部所有，并在股东大会、董事会和管理层中以某种方式界定其所属的各种职能，以便形成合理的公司控制权配置，但是在我国仍然存在内部运作效率和对上市公司外部制度监管方面的问题。例如，大股东可能为了保护自身的私人利益，运用自己手中的控制权去侵犯小股东的利益，解决问题的建议包括优化股权结构与完善董事会监管运营效率机制等。

莱等（Lai et al., 2022）研究了企业家公司中的所有权集中度对企业绩效的影响，他们并没有发现所有权集中度与公司绩效之间的紧密联系，而是发现企业的成长潜力、风险贡献和外部资本的需求是企业选择低所有权集中度的主要原因。特别是，他们发现稀释的所有权公司有更强的成长性。这一结论说明了，控制权并非越集中越好。李清泉和李美清（2008）提出，合理配置企业资源有利于有效利用企业资源，在影响企业运营效率的诸多因素中，企业控制权配置是关键。在市场方面，丁清光（2006）提出，在股权分置改革和企业文化变革的背景下，中国企业的经营效率方面将会面临许多新的问题，尤其是在股权分置改革全面实施之后，控制权市场将发生重大变化。

楼和朱（Lou & Zhu，2020）提出了在一个商业团队中，控制权的分配是决定公司创新的关键。他们发现团队权力的中心化与创新绩效有一个倒"U"型的关系，适度的中心化有利于团队创新绩效的提升。瞿宝忠（2003）提出经济全球化意味着企业资源配置效率的全球化，这也意味着企业控制权配置和运行规则应当相互协调，他对企业资源和产权特征进行分析，提出了企业资产"三权分离"的控制模型，以规避企业在资源配置上可能出现的问题。李东升和刘冰（2011）提出，我国混合所有制企业在内在需求驱动与外在市场两大因素的影响下，经营者控制权经历了三个阶段的变化发展，尽管我国混合所有制企业经营者配置的演进与制度环境、企业权力结构以及运营效率是相匹配的，但需要从不同类别的混合所有制企业控制权配置与企业使命等因素相适应的角度出发，改善经营者控制权配置。姜硕和刘旭（2008）提出控制权配置是改善企业运营的关键，在股权分置改革中，控制权市场始终在变化，我国上市企业的控制权配置机制不够完善，仍存在许多问题。

近年来，在其他关于控制权配置的相关研究中，朱荣和张月馨（2021）以新黄浦的控制权争夺事件为研究案例，发现利益相关者会形成利益共同体进而转移公司控制权，从而实现公司控制权的重新配置。安维东和赵烨（2021）以创业板和中小板企业为研究对象，通过实证发现公司创始人的政治关联对民营企业控制权配置存在显著正向影响，且其政治关联层级越大，这种影响关系越显著。李蒙等（2023）通过实证研究得出结论：在国有企业进行新一轮混改时，国有股东的权力应该呈现出"高股权、低董事会权力"的特点，非国有股东呈现出"高董事会权力、低股权"的特点，以此为基础改善公司治理。吴秋生等（2020）发现公司创立者的控制权越高，公司在研发创新活动投入的成本越多。姜安印和张庆国（2020）在传统委托代理理论基础上，以长期重复博弈模型为工具，结合风险投资领域内更加富有调整弹性能力的关系型融资契约设计，模拟推导了这类科技创业企业最优稳态关系型融资契约的演化过程，以及由此引发的在不同初始控制权配置情境下实现委托方和代理方双边激励的条件。

近年来，国外学者对于控制权配置也有诸多研究。例如，迪莫克等（Dimmock et al.，2015）发现股权集中度越高，公司高管将承担更多的管理和营运责任，同时能够为提高公司价值作出卓越贡献；斯克米特（Schmitz，2019）认为产权法是不完全契约范式最突出的应用，尤其对于创新型企业，产权共有是最佳运营模式；楼和朱（Lou & Zhu，2021）以 2009 ~ 2017 年中国 A 股制造业上市公司为样本，实证发现股权集中度与创新绩效呈倒"U"型关系，这说明股权结构适度的集中化有助于提高公司的创新绩效；李等（Li et al.，2021）发现公司通过比较信息传递成本和代理成本，确定下放决策权的程度，当公司所处的政治环境不确定性较高时，公司更可能将现金资源的决策权委托给子公司，这种倾向在非国有企业中更为明显。

2.3　混合所有制相关文献综述

2.3.1　混合所有制改革的主要思路

陈林和唐杨柳（2014）主张经济体制改革非常重要的方面是以"混合所有制"为主体的产权制度改革。他们从产权改革和政治性负担出发，研究了混合所有制改革对国有企业政治负担的影响。通过对 1999 ~ 2007 年全国工业企业数据的分析，对国有企业承担的社会和战略性负担进行计算，发现在垄断条件下的混合所有制改革效率要明显优于竞争性产业。邱霞（2015）提出，混合所有制改革不仅是企业产权的简单混合，更主要的是企业运营效率机制的规范化，产权制度改革是基础。张蕊和蒋煦涵（2018）通过对我国 1999 ~ 2007 年混合所有制独资工业企业进行分析，考察了混合所有制改革中混合所有制的股权比例与工业增加值之间的复杂关系，发现改革之后，公司的工业增加价值更高。此外，还发现混合所有制股份比例与工业增加值之间的关系呈倒"U"型。类似地，马连福等（2015）认为引入非混合所有制资本是进行混合所有制企业改革的基本方向，他们通过分析2001～2013年上证交易所中的混合所有制竞争类上市企业，定义了混合主体多样性和深入性以及混合主体的制衡度，以便分析所有制改革对企业运营效率的影响。他们发现，简单的股权混合改革并不能够有效地改善企业运营效率，因而混合主体多样性才能体现出提升运营效率的作用，混合主体深入性与企业运营效率的关系呈倒"U"型。殷军等（2016）构建了混合所有制条件下的混合寡头模型，他们分析了在存在负外部性的情况下，私营企业对社会净福利会产生怎样的影响。他们发现，如果混合改革之前的成本不超过临界值，则可以实现混合所有制的经营管理，同时分析了混合所有制改革的内在机理。

汤吉军（2014）从不完全契约的角度分析了资产专用性投资与公司所有权分配之间的有机关系，并内生地解释了混合所有权和私有化以及混合所有制度的来源。他认为简单的私有化不是万能的，而是要在改善提升竞争市场的同时进一步改善混合所有制企业的结构和提升政府干预水平，从而提高混合所有制经济运营效率，促进我国国民经济的可持续发展。李建标等（2016）通过分析垄断产业中的混合与非混合所有制企业在混改中的有机博弈过程，检验混合所有制与非混合所有制资本的行为结果，认为混合所有制未来的改革将可能在很大程度上改变我国市场经济的总体局势。黄速建（2014）分析了在混合所有制改革中可能会出现的问题，并就关于如何有效推动混合所有制改革向前发展给出了诸多建议。林（Lin，2021）从新结构经济学视角研究了国有企业改革，提出国有企业低效的根源和软预算约束是它们的战略和社会政策负担，需要采取措施改善国有企业的政策性负担。楼等（Lou et al.，2021）以中国混合所有制改革的公司为样本，发现国有企业比非国有企业更有创新性，国有持股比例的增加提升了混合所有制企业的创新效率，该创新效果依赖于组织控制的能力。

张兆国等（2016）从资本结构的角度切入，利用资本结构契约的相关理论，对混合所有制的出发点、运作效率和实施方式等问题进行了详细研究，认为混合所有制的改革应该以改善企业的资本结构作为切入点。完善提升企业的资本结构，才能有效地发挥资本结构的积极作用，解决企业经营效率低下的问题，达到混合所有制改革的目的。而要改善混合所有制企业的公司资本结构，可以采取混合所有制改革来合理吸收非公有制资本，适当扩大外国投资，适当发展机构投资者，科学实施优先股和改善股票激励措施等，通过以上方式来完善现代产权制度。

2.3.2　混合所有制改革的效果分析

张莉艳和付晨曦（2022）发现国有企业的混合所有制改革对管理层的分类转移盈余管理行为有显著的治理效应，而民营企业的混合所有制改革没有表现出显著的治理效应，这为深化混合所有制改革和完善公司治理机制提供了经验证据。段敏和方红星（2022）发现混合所有制公司通过完善内部控制制度、降低融资约束等路径来缓解公司避税的动机。武鹏（2021）从政府监管、集团管控、内部监督三个层面分析了混合所有制企业综合监管体系在实践中面临的一些亟待解决的问题，并有针对性地提出了一系列改革建议。宋波和康年（2021）通过实证研究发现国有企业混合所有制改革可以对公司绩效产生显著的正向影响。进一步研究发现，政府导向、中介市场的成长度和法制完善程度具有显著的正向调节作用，但要素市场发育程度的调节效应则不显著，这说明我国国有企业混改应坚持技术和制度双轮驱动，坚持政府主导地位，重视市场机制作用，坚持完善依法治理，加强法制化建设。王等（Wang et al.，2021）以 2003～2018 年中国 A 股非金融上市国有企业为样本，实证发现混改程度越高，非金融国有企业的金融投资水平越低。关等（Guan et al.，2021）使用多层线性模型方法分析 2008～2017 年在上交所和深交所上市的国有企业数据，发现董事长会对公司财务绩效产生显著影响，混合所有制改革会降低其影响关系。王等（Wang et al.，2021）认为混合所有制改革强度与公司避税程度之间存在显著的负相关关系。张等（Zhang et al.，2020）发现混合所有制改革会对企业的创新活动产生显著的影响，且这种影响对于垄断行业和东部发达地区的国有企业更为明显。

2.4 国内外文献述评及总结

在本章中，我们分别对不完全契约理论与控制权配置机理、控制权配置相关研究综述以及混合所有制相关文献进行了论述。其中，有关控制权配置的理论文献阐明了在企业一体化（并购）的过程中控制权配置的重要性，且该文献探讨了控制权配置的影响因素，而混合所有制文献则从现实中的改革实践归纳出未来混合所有制可能改革的方向，但这些研究均没有从不完全契约理论角度深入研究为何在混合所有制构建过程中控制权配置的重要性，也没有从并购角度研究其驱动混合所有制结构形成的机理。在下一章中，我们将从理论上分析混合所有制企业不同参与主体控制权配置的过程，以及检验混合所有制企业控制权配置的演变对运营效率的影响。

第 3 章

混合所有制企业的控制权配置的
演变与经济后果

在本章中，我们首先用理论模型揭示混合所有制企业控制权配置机理，进而运用中国混合所有制企业改革数据，从两种不同类别的企业入手（国有控股和非国有控股）分析控制权配置演变的过程，并结合国务院分类进行混合所有制改革的思路，从不同产权和行业异质性视角就控制权配置对混合所有制企业的运营效率进行分析。

3.1 混合所有制企业控制权配置模型构建

3.1.1 基本假设

本部分基于格姆斯和诺瓦斯（Gomes & Novaes，2000）、本纳德森和沃夫兹恩（Bennedsen & Wolfenzon，2000）和布洛奇和荷非（Bloch & Hefe，2003）构建的企业控制权配置模型，重新构建了一个混合所有制企业的控制权配置动态演变模型。假设一个企业有两个大股东（$i=1$ 表示非国有股东；$i=2$ 表示国有股东）和众多小股东（$s \in [1,0]$），且该企业为上市企业，在这个混合所有制企业中，令非国有股东的持股比例为 α_1，国有股东的持股比例为 α_2，$\bar{\alpha}$ 为出售给两个股东的份额总数，$\bar{\alpha} = \alpha_1 + \alpha_2$，其他股东持有的份额为 $(1 - \bar{\alpha})$。虽然我们考虑了大股东之间进行交易的可能性，但是我们假设 $\bar{\alpha}$ 始终不变，因此大股东不会在公开市场上出售或者购买股票。假设大股东坚持现有的所有权结构符合他们的利益，因此持股份额的变化仅导致他们在内部调整自己的监督能力。同时，我们还假设在开始阶段，非国有股东和国有股东都没有获得公司的多数股份，即 $\alpha_1 < \dfrac{1}{2}$ 和

$\alpha_2 < \dfrac{1}{2}$，这符合目前我国混合所有制企业改革的情况。此外，拥有控制权的股东总是存在攫取私人利益的动机，任何股权结构分割为：$1 - \gamma\bar{\alpha} > 0$。

假设该混合所有制企业定期召开股东大会，非国有股东和国有股东需分别提出限制其控制权和保护中小股东利益的措施，两个股东采取的措施都是为了保证他们在控制公司时所能获得的最大私人利益，非国有股东记为 B_1，国有股东记为 B_2。将控制权利益限制为 B_1 和 B_2 的提议具有一定的约束力，且明确了上限为 $\bar{B}$，B_1 和 B_2 不能超过 $\bar{B}$ 上限。

基于上述假设的基础上，本书进一步提出创新性假设，在中国的混合所有制企业中，无论是非国有股东，还是国有股东，两个股东均可以通过关联交易、寻租行为等方式实现私人利益最大化，令 φ_i 表示这些影响因子且两个股东之间存在差异，则最大化私人利益可表示为 $B_i(\varphi_i)$。

令 γ 表示拥有控制权的股东将公司资源转化为私人资源的容易程度，γ 值越大，对少数股东利益的保护越好，假设 $\gamma > 1$，对于全体股东来说，利益攫取的成本是非常高昂的。此外，假设公司所有大小股东将投票决定将公司的控制权分配给这两个大股东之一，不同的小股东存在差异化的投票成本，假设小股东的投票成本在 $[0, 1]$ 上分布。

由于获胜股东拥有的控制权是企业价值的重要体现，两个大股东在获得控制权为企业增加价值的能力是存在差异的。假设这种能力为 $\theta_i(i = 1, 2)$，令 θ_1 和 θ_2 分别表示非国有股东和国有股东控制企业时的能力，并认为非国有股东比国有股东拥有更好的能力，即 $\theta_1 > \theta_2$，能力差异表示为

$\Delta\theta = \theta_1 - \theta_2$。当通过投票选出拥有控制权的股东时，两个大股东都要对企业进行监督，监督能力分别为 e_1 和 e_2。同时假设监督成本为凸函数，分别为 $c_1(e_1) = c_1 \dfrac{e_1^2}{2}$ 和 $c_2(e_2) = c_2 \dfrac{e_2^2}{2}$。

最后企业总价值表示为股东能力、监督能力及控股股东私人利益的简单加总分离函数：

$$v = \theta_i + e_1 + e_2 - \gamma B_i(\varphi_i) \qquad (3-1)$$

此外，本部分构建的模型存在三个异质性：第一，两个大股东经营能力 θ_i 和监督成本 c_i 存在差异；第二，两个大股东所占份额 α_i 存在的差异；第三，控股股东为实现私人利益最大而采取的差异化策略 φ_i。图 3－1 为模型的时序图，我们采用逆向递归法求解模型。

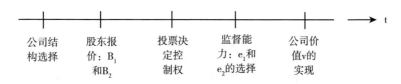

图 3－1　模型的时序图

3.1.2　控制权的决定

1. 最优监督成本确定阶段

运用逆向递归求解方法，我们先从最后一阶段开始，非国有股东和国有股东为了实现自身效用最大化，需要明确自身的监督能力。我们将获得控制权的股东记为 i，非控股股东记为 j，则两个大股东的效用函数分别如下：

$$U_i = \alpha_i(\theta_i + e_i + e_j) + (1 - \gamma\alpha_i)B_i(\varphi_i) - c_i \dfrac{e_i^2}{2} \qquad (3-2)$$

$$U_j = \alpha_j(\theta_i + e_i + e_j) - \gamma\alpha_j B_i(\varphi_i) - c_j \dfrac{e_j^2}{2} \qquad (3-3)$$

由于企业总价值的各个部分是可分离的，因此最优的监督成本独立于拥有控制权的大股东及其私人利益。对式（3-2）和式（3-3）的监督能力分别取一阶导，可得控股股东和非控股股东最优的监督能力分别如下：

$$e_i^* = \frac{\alpha_i}{c_i}, e_j^* = \frac{\alpha_j}{c_j}$$

因此控股股东、非控股股东及小股东的效用函数分别如下：

$$U_i = \alpha_i \left(\theta_i + \frac{\alpha_i}{c_i} + \frac{\alpha_j}{c_j} \right) + (1 - \gamma\alpha_i) B_i(\varphi_i) - \frac{\alpha_i^2}{2c_i} \qquad (3-4)$$

$$U_j = \alpha_j \left(\theta_i + \frac{\alpha_i}{c_i} + \frac{\alpha_j}{c_j} \right) - \gamma\alpha_j B_i(\varphi_i) - \frac{\alpha_j^2}{2c_j} \qquad (3-5)$$

$$U_s = (1 - \bar{\alpha}) \left(\theta_i + \frac{\alpha_i}{c_i} + \frac{\alpha_j}{c_j} \right) - \gamma(1 - \bar{\alpha}) B_i(\varphi_i) \qquad (3-6)$$

2. 投票均衡确定阶段

在求出企业最优的监督能力后，接下来所有股东需要对提案 $B_1(\varphi_1)$ 和 $B_2(\varphi_2)$ 进行选择。在评估三类股东的收益后，我们发现高效的非国有股东更偏向自身计划 $B_1(\varphi_1)$；国有股东偏向自身计划 $B_2(\varphi_2)$，当且仅当 $(1 - \gamma\alpha_2) B_2(\varphi_2) + \gamma\alpha_2 B_1(\varphi_1) > \alpha_2\Delta\theta$；小股东更偏向拥有控制权的非国有股东，当且仅当 $\gamma(B_1(\varphi_1) - B_2(\varphi_2)) \leq \Delta\theta$。

图 3-2 列示了国有股东和小股东对提案 $B_1(\varphi_1)$ 和 $B_2(\varphi_2)$ 的偏好，从图中可知，当国有股东偏好 $B_1(\varphi_1)$ 时，小股东也偏好 $B_1(\varphi_1)$，因此这两个大股东的均衡策略很容易获得。由于只有两个备选方案，每个股东投票支持自己的策略都是一种弱优势策略，且小股东参与会议的成本较高，而影响投票结果的能力取决于小股东的参与程度，因此面临协调问题。为了解决协调问题，我们将考虑强均衡，即没有人愿意偏离这个均衡。

由于参与投票的成本昂贵，当小股东的偏好与最大股东一致时，不参与投票是小股东的主要决策，因此小股东投票的重要性体现在他们支持国有股东计划 $B_2(\varphi_2)$。此处需要考虑两种情况：第一，当 $\alpha_2 \leq \alpha_1$ 时，小股东更偏好 $B_2(\varphi_2)$；第二，当 $\alpha_1 \leq \alpha_2$ 时，小股东更偏好 $B_1(\varphi_1)$。

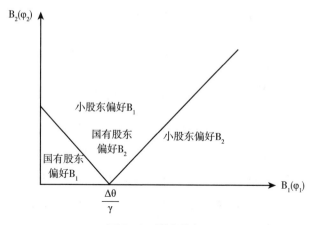

图 3-2　股东偏好

第一种情况，当 $\alpha_2 \leqslant \alpha_1$ 时，国有股东获得控制权，当且仅当它同时获得了 $\dfrac{\alpha_1 - \alpha_2}{1 - \bar{\alpha}}$ 占比的小股东投票权，且小股东的投票成本 κ 需满足 $\theta_2 - \gamma B_2(\varphi_2) - \kappa \geqslant \theta_1 - \gamma B_1(\varphi_1)$（或者 $\kappa \leqslant \gamma(B_1(\varphi_1) - B_2(\varphi_2)) - \Delta\theta$）。由于投票成本均匀分布，则 $\dfrac{\alpha_1 - \alpha_2}{1 - \bar{\alpha}} \leqslant \gamma(B_1(\varphi_1) - B_2(\varphi_2)) - \Delta\theta$ ［或者 $\dfrac{\Delta\theta}{\gamma} + \dfrac{\alpha_1 - \alpha_2}{\gamma(1 - \bar{\alpha})} \leqslant B_1(\varphi_1) - B_2(\varphi_2)$］。如图 3-3 所示，国有股东获得控制权可以看作是小股东偏好的平均移动，只有当非国有股东和国有股东提供的方案差异足够大且能够抵消小股东的成本时，效率较低的股东才能获得控制权。

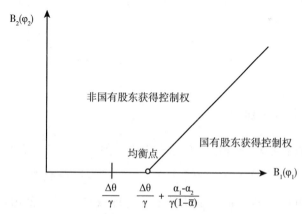

图 3-3　当 $\alpha_2 \leqslant \alpha_1$ 时的投票结果

第二种情况，当 $\alpha_1 \leq \alpha_2$ 时，非国有股东获得控制权，同样它将获得 $\dfrac{\alpha_1 - \alpha_2}{1 - \bar{\alpha}}$ 占比的小股东投票权，则须满足 $\dfrac{\alpha_1 - \alpha_2}{1 - \bar{\alpha}} \leq \gamma(B_1(\varphi_1) - B_2(\varphi_2)) + \Delta\theta$ ［或者 $\dfrac{\alpha_2 - \alpha_1}{\gamma(1 - \bar{\alpha})} - \dfrac{\Delta\theta}{\gamma} \leq B_1(\varphi_1) - B_2(\varphi_2)$］。如图 3 – 4 所示，同样小股东的投票成本引起了代表小股东偏好线的平移，当效率较低的大股东拥有更大比例的股份时，这种平移会导致两种配置，主要取决于代表小股东偏好的线与国有股东偏好线的交点。在图 3 – 4（a）中，两条线在内部相交，定义了两个大股东赢得竞争的两个连接区域。在图 3 – 4（b）中，两条线相交于外部，非国有股东赢得控制权的区域被分为两部分。非国有股东赢得控制权［相对于低价值的方案 $B_2(\varphi_2)$］，由于所有股东一致同意方案 $B_1(\varphi_1)$；或者尽管相比较于方案 $B_1(\varphi_1)$，方案 $B_2(\varphi_2)$ 具有更高的价值，但是由于国有股东不能够吸引足够多的小股东而失败，反之亦然。

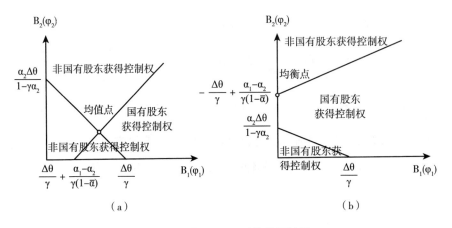

图 3 – 4　当 $\alpha_2 \leq \alpha_1$ 时的投票结果

3. 控制权竞争阶段

通过上述投票均衡分析，在这一阶段非国有股东和国有股东将根据上述投票均衡结果进行分析，此时在这个混合所有制企业中，非国有股东和国有股东之间的竞争类似于伯川德模型，即成本不对称公司之间的竞争。根据股东投票均衡结果，每个大股东都在试图削弱其竞争对手，当处于不利地位的大股东提供一个没有私人利益的计划时，就能够获得均衡，而在这一均衡点上，拥有控制权的股东能够获得严格的正的私人利益。通过分析非国有股东和国有股东在不同份额情况下谁拥有控制权且能够提供均衡私人利益，可得出以下三个结论。

第一，假设 $\alpha_1 \geqslant \alpha_2$，控制权竞争的唯一均衡为非国有股东获得控制权，均衡私人利益为 $B_1^* = \dfrac{\Delta\theta}{\gamma} + \dfrac{\alpha_1 - \alpha_2}{\gamma(1 - \bar{\alpha})}$；国有股东的均衡私人利益为 $B_2^* = 0$。

第二，假设 $\alpha_2 \geqslant \alpha_1$ 且 $\dfrac{\alpha_1 - \alpha_2}{1 - \bar{\alpha}} \leqslant \dfrac{\Delta\theta}{1 - \gamma\alpha_2}$，控制权竞争的唯一均衡为非国有股东获得控制权，均衡私人利益为 $B_1^* = \dfrac{\Delta\theta}{\gamma} - \dfrac{(1 - \gamma\alpha_2)(\alpha_1 - \alpha_2)}{\gamma(1 - \bar{\alpha})}$，国有股东的均衡私人利益为 $B_2^* = \dfrac{\alpha_2(\alpha_2 - \alpha_1)}{1 - \bar{\alpha}}$。

第三，假设 $\alpha_2 \geqslant \alpha_1$ 且 $\dfrac{\alpha_1 - \alpha_2}{1 - \bar{\alpha}} > \dfrac{\Delta\theta}{1 - \gamma\alpha_2}$，控制权竞争的唯一均衡为国有股东获得控制权，均衡私人利益为 $B_2^* = \dfrac{\alpha_2 - \alpha_1}{\gamma(1 - \bar{\alpha})} - \dfrac{\Delta\theta}{\gamma}$，非国有股东的均衡私人利益为 $B_1^* = 0$。

3.1.3　最优的控制权配置结构

本部分计算混合所有制企业的最优所有权结构，将上述求出的均衡监督能力和监督成本记为：$V(\alpha_1, \alpha_2) = \dfrac{\alpha_1}{c_1} + \dfrac{\alpha_2}{c_2}$，$C_1(\alpha_1) = \dfrac{\alpha_1^2}{2c_1}$，$C_2(\alpha_2) = \dfrac{\alpha_2^2}{2c_2}$。

假设企业的初始拥有者的目标是最大化所有股东的价值，i 表示企业的控制者，则最大化企业价值表示为：

$$W = V(\alpha_1, \alpha_2) - C_1(\alpha_1, \alpha_2) - C_2(\alpha_1, \alpha_2) + \theta_i - (\gamma - 1)B_i(\alpha_1, \alpha_2)$$

$$(3-7)$$

　　由式（3-7）可知，非国有股东和国有股东的股份份额 α_1 和 α_2，通过两个渠道影响着公司总价值。第一，α_1 和 α_2 会影响由两个大股东的监督能力和监督成本；第二，α_1 和 α_2 会影响私人利益，$B_i(\varphi_i)$ 为企业控制者创造的私人利益。一般来说，这两种渠道之间的相互作用非常复杂，最优的股权结构较难得出。例如，假设非国有股东的监督成本低于国有股东，则由监督能力创造的价值最大化将增加非国有股东的份额；如果非国有股东是公司的控制者，这种能力的增加会导致私人利益的增加，进而降低公司的总价值。因此，非国有股东份额增加产生的全局效应主要取决于监督能力和私人利益的相互影响程度。

　　由上述假设可知令 $\bar{\alpha}$ 为外生给定的，$\alpha_2 = \bar{\alpha} - \alpha_1$，则混合所有制企业的监督能力和私人利益分别为：

$$V(\alpha_1,\alpha_2) - C_1(\alpha_1,\alpha_2) - C_2(\alpha_1,\alpha_2) = \frac{\alpha_1}{c_1} + \frac{\bar{\alpha} - \alpha_1}{c_2} - \frac{\alpha_1^2}{2c_1} - \frac{(\bar{\alpha} - \alpha_1)^2}{2c_2}$$

$$(3-8)$$

$$B_i(\alpha_1,\alpha_2) = \begin{cases} \dfrac{\Delta\theta}{\gamma} + \dfrac{\alpha_1 - \alpha_2}{\gamma(1 - \bar{\alpha})}, & 2\alpha_1 > \bar{\alpha} \\[3mm] \dfrac{\Delta\theta}{\gamma} - \dfrac{(1 - \gamma\alpha_2)(\alpha_1 - \alpha_2)}{\gamma(1 - \bar{\alpha})}, & 2\alpha_1 < \bar{\alpha} \text{ 且} \dfrac{\bar{\alpha} - 2\alpha_1}{1 - \bar{\alpha}} \leqslant \dfrac{\Delta\theta}{1 - \gamma(\bar{\alpha} - \alpha_1)} \\[3mm] \dfrac{\bar{\alpha} - 2\alpha_1}{\gamma(1 - \bar{\alpha})} - \dfrac{\Delta\theta}{\gamma}, & 2\alpha_1 < \bar{\alpha} \text{ 且} \dfrac{\bar{\alpha} - 2\alpha_1}{1 - \bar{\alpha}} > \dfrac{\Delta\theta}{1 - \gamma(\bar{\alpha} - \alpha_1)} \end{cases}$$

$$(3-9)$$

　　我们令 $\widehat{\alpha}_1$ 和 $\tilde{\alpha}_1$ 分别表示为所有权结构下最大化监督能力和最小化私人利益，计算可得：

$$\widehat{\alpha}_1 = \frac{c_2 - c_1 + c_1\alpha}{c_1 + c_2} \qquad (3-10)$$

$$\tilde{\alpha}_1 = \frac{3\bar{\alpha}}{4} - \frac{1}{2\gamma} + \frac{1}{4\gamma}\left[(3\gamma\bar{\alpha} - 2)^2 + 8\gamma(\bar{\alpha}(1 - \gamma\bar{\alpha}) - \Delta\theta(1 - \bar{\alpha}))\right]^{\frac{1}{2}}$$

$$(3-11)$$

　　由上述结果可知，当 $c_1 \leqslant c_2$ 时，$\tilde{\alpha}_1 \leqslant \dfrac{\bar{\alpha}}{2} \leqslant \widehat{\alpha}_1$，向非国有股东提供超

越 $\widehat{\alpha}_1$ 的份额是无效的，因为股份的减少会导致监督能力的增加和私人成本利益的减少；相似地，如果提供少于 $\tilde{\alpha}_1$ 份额的选择将会是一个主导选择，因为份额的减少会导致监督能力的增加和私人成本利益的减少，因此最优的选择介于 $\left[\ \tilde{\alpha}_1\ ,\ \widehat{\alpha}_1\ \right]$ ，此时非国有股东获得控制权。

通过上述分析可知，初始股东份额、股东能力、股东监督能力和私人利益会影响混合所有制企业总价值的实现。因此本部分通过构建混合所有制企业控制权配置动态演绎模型，运用逆向递归方法求解最优的所有权结构，当非国有股东获得控制权时，股份份额介于 $\left[\ \tilde{\alpha}_1\ ,\ \widehat{\alpha}_1\ \right]$ ，在这一条件下能够最大化非国有股东的监督能力和最小化其私人利益的实现，进而实现企业价值的最大化。同时也说明股权制衡度会影响企业的整体效益，而不同的股份分配会产生差异化的影响机制。

3.2　研究假设

在本部分中，我们对模型得出的基本结论进行检验，基于中国混合所有制企业的数据，分别研究控制权结构的演变特征，以及在不同所有制、不同产权和不同行业下控制权配置对混合所有制企业运营效率进行分析。

3.2.1　不同所有制企业控制权配置与企业绩效

在混改中，国有企业通常会引入机构投资者或者民营企业等非国有资本，而非国有企业则会引入国有资本，因此我们认为混合所有制改革不仅包含国有企业国有股权的稀释，还包含非国有企业引入国有资本。以往文献对不同的改革进行了实证研究，茂瑞等（Maury et al.，2005）的研究表明当第一大股东和第二大股东的性质不同时，他们之间的合谋行为很难达成，有利于避免"隧道行为的出现"。郝云宏等（2015）以国有企业混改为例，发现非国有股东的引入会与国有股东产生有效制衡，更改企业治理方式，减少企业效率损失。对非国有企业来说也是如此，国有股东的参与避免了非国有股东的不道德行为，为企业带来了更多的资源，有利于企业绩效的提高。而对非混合所有制企业而言，参照利益相关者理论，如果股东之间过度制衡，会使得股东的管理监督成为"公共物品"，"搭便车"行为频发，减弱大股东与公司、大股东与中小股东之间的"利益协同效应"，反而会导致企业绩效的降低。同时，根据信息不对称理论，大股东往往拥有更多的经营决策信息，股权过度分散反而会使决策意见难以统一，产生"意见分歧效应"的结果。

基于此，提出假设1-1：混合所有制企业的股权制衡度提高有利于企业绩效提高，非混合所有制企业的股权制衡度与企业绩效呈现倒"U"型关系。

在股权集中度维度，根据委托代理理论、两权分离理论和信息不对称理论，无论企业所有制性质如何，股权过于集中或者过于分散都不利于企业经营，股权相对集中有利于提高企业绩效。一方面，股权过度分散时极易出现"用脚投票"的行为，随着股权集中度的提高，中小股东的"搭便车"行为有利于管理和决策效率的提高。另一方面，如果股权过度集中，持股股东"一股独大"可能会导致公司经营出现"一言堂"的现象，控股股东为了自身利益对中小股东进行侵害，"掏空"公司利益，不利于公司经营。

因此，提出假设1-2：对混合和非混合所有制企业而言，股权集中度与企业绩效之间呈倒"U"型曲线关系。

3.2.2 不同行业的混合所有制改革与企业绩效

在混合主体制衡度维度，对于垄断行业的大型国有企业而言，只有产业链下游的产业尝试向非国有企业开放，而对处于产业链上游的核心产业仍然是谨慎开放的态度。因此，非国有资本难以对国有资本的核心业务形成制衡，可能不会对企业绩效产生显著影响。非国有混合所有制企业有着较强的逐利性，他们往往出于获取资源的需要而引入国有资本，民营企业大股东仍然完全掌握董事会，国有股东的进入难以对其产生预期的制衡作用。而当前，在我国垄断行业混合所有制改革的实践中，第一大股东仍然掌握绝对控股权，第二大股东尚无制衡能力，仍然属于"股权非制衡"，因此在过去及当前的实践中，股权制衡度对企业绩效提高的影响就会减弱，甚至变为负向影响。

　　基于此，提出假设 2 - 1：在垄断行业中，国有股东和非国有股东的制衡作用不显著，且股权制衡度与企业绩效负相关。

　　竞争行业通常是经典的公司治理理论分析的对象。在混合主体深入度维度，由于不同产权的混合所有制企业改革动机不同，其股权制衡效果也会有所差异。对非国有企业而言，国有企业的参与能够给企业带来一定的资源和政策优势，帮助企业打破部分行业的进入壁垒，同时，国有股东的参与有利于加强对非国有股东的监督，避免大股东侵权行为的发生，对非国有股东形成有效制衡。刘晔等（2016）认为在国有企业的混合所有制改革中，非国有股东的持股比例并非越大越好，因为当非国有股东的持股比例增加到一定程度后，国有股东为了维护决策权可能会对非国有股东进行抵制，而非国有股东为了保护自身利益，会通过一系列非正式方式增加企业内部经营管理成本，引发企业效率的降低。在股权制衡维度，根据前人的研究，非控制性股东可以利用自身信息优势，通过有效的监督降低第一大股东的侵占行为以提高企业绩效。所以总体而言，股权制衡度对企业绩效的提高起正向作用。但是，在股权制衡度过低的情况下，制衡股东的出现并不能对控股股东起到实质的制衡作用，反而会增加企业决策和管理的成本。因此，我们推测竞争行业中股权制衡度对企业绩效呈现"U"型关系。在股权集中度维度，麦格森（Megginson，2012）的研究表明国有企业在进行混合所有制改革后有助于绩效的提升。廖红伟等（2016）也通过实证研究发现降低国有企业的国有资本持股比例和股权集中度有利于提升企业的竞争力。对非国有企业而言，由于非国有股东以利益为首要目标，因此股权集中度的提高更有利于企业绩效目标的实现，提高企业的决策和管理效率。

　　由此提出假设 2 - 2：在竞争行业中，国有股东对非国有企业的制衡作用显著，而非国有股东对国有企业的制衡效果不显著；股权制衡对企业绩效的影响呈现"U"型关系；国有企业股权集中度的提高会降低企业绩效，而非国有企业第一大股东持股比例的提高反而有助于企业绩效的提升。

公益行业中具有非营利性和保障社会福利的属性，而非国有股东具有天然的逐利性质，两者的矛盾会为企业增加谈判和决策成本。因此，我们推断国有企业中非国有股东的引入不利于绩效提升，而非国有企业中国有股东的引入有利于绩效提升。在股权制衡和股权集中度维度，对国有控股企业，由于国有股东的目标和公益行业的理念不谋而合，大股东掏空行为并不常见，所以预测国有企业股权制衡与企业绩效无关，且股权集中度的提升会提高企业绩效。而对非国有控股企业，国有股东的进入大多是为了实现政策目标和支持产业发展，对于管理和技术的贡献可能较少，反而可能会导致交易成本的增加，降低企业绩效。但是随着国有股东持股比例达到一定水平，对非国有股东的监督作用增强，能够防止非国有股东过度追求财务利益而抑制对公益项目的投入，因此预期非国有企业中股权制衡和企业绩效呈现"U"型关系，且股权集中度的提高不利于企业绩效的提高。

假设 2-3：在公益行业中，国有企业中非国有股东的引入会对企业绩效产生不利影响，而非国有企业中国有股东的引入会提升企业绩效；国有企业中股权制衡对企业绩效没有显著影响，非国有企业中股权制衡与企业绩效呈现"U"型关系；国有企业中第一大股东持股比例对企业绩效有正向影响，而非国有企业与之相反。

3.3 混合所有制企业控制权配置结构演变分析

3.3.1 研究思路

本部分基于上市公司混合所有制改革的实证数据，考察控制权配置和企业绩效之间的关系，有助于更好地理解混合所有制改革所引起的内部治理机制的变化及其对控股上市公司的影响。研究内容包括以下两点：第一，以往研究大多以国有企业混改为研究对象，而鲜有对非国有性质的混合所有制企业进行研究，本部分同时研究国有与非国有企业的混合所有制改革，并对两类研究对象进行对比分析，有助于了解混合所有制改革的全貌；第二，充分考虑行业的异质性特征，分行业考察控制权配置对企业绩效的不同影响，有助于贯彻"分类分层推进混合所有制改革"的思路，为其提供了实证参考依据。

3.3.2　样本选取、数据来源和变量说明

本书选取 2003 ~ 2020 年在我国 A 股上市的混合所有制企业的数据作为样本，样本公司主要来自公司前十大股东中既包含国有股份又包含非国有股份的企业，由于文献中对于混合所有制企业中国有股份的最低持股比例尚没有一致的意见，因此本书基于阶段性成果（李双燕和苗进，2020），把既包含国有股份又包含非国有股份的企业定义为混合所有制企业，其中既包含国有控股的混合所有制企业，也包含非国有控股的混合所有制企业。

本书从国泰安数据库进行检索，剔除了金融类行业和相关样本的缺漏值。其中行业代码收集时以证监会 2012 年发布的《上市公司行业分类指引》和《2011 国民经济行业分类与代码》作为标准。同时，因为行业异质性的存在，在数据收集的过程中对于不同的行业也进行了分类，基于2015 年 9 月颁布的《国务院关于国有企业发展混合所有制经济的意见》中提出的根据竞争类行业、特殊行业与公益类行业分类分层推进国有企业混合所有制改革的思路，并参考李双燕和苗进（2020）的做法，将行业分为垄断类、竞争类和公益类三类。具体变量说明如下。

（1）企业绩效相关变量。参考徐晓东和陈小悦（2003）的研究，采用托宾 Q（TobinQ）值来衡量企业绩效，即企业资产的市场价值与其重置成本的比率，来综合衡量上市公司绩效。除此之外，参考涂国前和刘峰（2010），采取资产收益率（returns on assets，ROA）作为衡量企业效益的指标。

（2）解释变量。解释变量主要包含股权结构、股权制衡度和股权集中度三部分，借鉴吴淑琨（2002）、刘汉民等（2018）和陈德萍等（2011）的方法，主要指标构成如下：一是股权结构，用前五大股东国有股占比（TGS5），前五大股东非国有股占比（TNGS），S 指数（Shrs），公司治理制衡度（EBD），公司治理制衡度的平方（EBD2），Z 指数（Shrz），H 指数（Shrhfd），Hefindahl_5 指数（Shrhfd5）来衡量；二是股权制衡度，分别由前五大股东国有股占比（TGS5），前五大股东非国有股占比（TNGS），前十大股东国有股占比（GN10），前十大股东非国有股占比（NG10），S 指数（Shrs），公司治理制衡度（EBD），公司治理制衡度的平方（EBD2）构成；三是股权集中度，由 Z 指数（Shrz），H 指数（Shrhfd），Hefindahl_5 指数（Shrhfd5）构成①。

（3）控制变量。控制变量包括以往文献中常用的控制变量，包括企业成长性（Growth），经营性现金流量（CFO），管理费用率（Man - cos），企业规模（SIZE），财务杠杆（LEV），两权分离度（SN），董事长与总经理兼任情况（P），高管持股比例（NMP），行业类型（Style），详细的变量名称和度量方法如表 3 -1 所示。

表 3 -1　　　　　　　　　　　变量名称及定义

变量名称	变量符号	度量方法
前五大股东国有股占比	TGS5	前五大股东中国有股东持股比例/非国有股东持股比例
前五大股东非国有股占比	TNGS	前五大股东中非国有股东持股比例/国有股东持股比例
Z 指数	Shrz	公司第一大股东与第二大股东持股比例的比值
H 指数	Shrhfd	第一大股东持股比例的平方和
Herfindahl_5 指数	Shrhfd5	公司前 5 位大股东持股比例的平方和
前十大股东国有股占比	GN10	前十大股东中国有股东持股比例/非国有股东持股比例
前十大股东非国有股占比	NG10	前十大股东中非国有股东持股比例/国有股东持股比例
S 指数（%）	Shrs	公司第二至第十大股东持股比例之和
公司治理制衡度	EBD	第二至第五大股东持股比例合计/第一大股东持股比例

① 这三类指标可能会存在重复，因为在后续的回归中，将根据研究需要分别进行回归。

续表

变量名称	变量符号	度量方法
公司治理制衡度的平方	EBD2	EBD 的平方
资产收益率	ROA	净利润/总资产平均余额
托宾 Q	TobinQ	企业资产的市场价值与其重置成本的比率
企业成长性	Growth	企业营业收入增长率
经营性现金流量	CFO	经营性现金流量
管理费用率	Man - cos	管理费用/主营业务收入
企业规模	SIZE	LN 总资产
财务杠杆	LEV	总负债/总资产
两权分离度	SN	实际控制人掌握的控制权和所有权的差值
董事长与总经理兼任情况	P	两职合一为 1,否则取 0
高管持股比例	NMP	高管持有股/总股数
行业类型	Style	1 为竞争行业,2 为垄断行业,3 为公益行业

3.3.3　描述性统计分析

表 3-2 中列出了全部样本的描述性统计,从表中可以看出,公司治理制衡度的均值为 0.52,中位数为 0.33,最大值为 3.7,最小值为 0,标准差为 0.51,表明第二至第五大股东与第一大股东之间形成了一定的制衡度。前五大股东国有股占比 TGS5 的中位数为 41.98,而前十大股东中国有股占比 GN10 的中位数为 5.1,表明 A 股混合所有制企业中国有股主要集中在前五大股东当中,在第六至第十大股东中占比较少。

表 3-2　　　　　　　　　全部样本描述性统计

变量名	平均值	中位数	标准差	最小值	最大值
TobinQ	1.63	1.31	1.08	0.73	28.73
ROA	0.03	0.03	0.07	-1.13	0.55
TGS5	41.08	41.98	17.85	0.00	91.50
TNGS	10.73	5.18	13.26	0.00	83.54

续表

变量名	平均值	中位数	标准差	最小值	最大值
Shrz	19.75	6.09	51.16	1.00	1344.78
Shrhfd	0.16	0.13	0.13	0.00	0.79
Shrhfd5	0.18	0.15	0.13	0.00	0.79
GN10	10.77	5.10	17.83	0.00	294.56
NG10	1.70	0.19	28.28	0.00	1957.00
Shrs	18.03	14.97	12.60	0.40	61.44
EBD	0.52	0.33	0.51	0.00	3.70
EBD2	0.53	0.11	0.99	0.00	13.65
Growth	1.11	0.11	23.77	-4.40	1145.11
CFO	0.05	0.46	0.08	-0.76	0.89
Mancos	38.91	0.61	2940.13	-6.08	222655.50
SIZE	22.77	22.59	1.52	18.27	28.42
LEV	0.55	0.56	0.24	0.04	7.98
SN	3.95	0.00	7.38	-0.31	39.25
NMP	0.26	0.01	1.30	0.00	28.74

表 3 - 3 中列出了关于混合所有制改革程度的描述性统计,从表中可以看出,A 股混合所有制企业中前十大股东国有股占比主要集中在 20%~50%,其中大于 50% 的占比高达 35.48%,表明混改程度仍然需要进一步加强。

表 3 - 3 混合所有制改革程度

前十大股东中国有股占比	度量方法
5% 以下	2.50%
大于 5% 小于等于 10%	1.24%
大于 10% 小于等于 20%	6.39%
大于 20% 小于等于 50%	54.39%
大于 50%	35.48%

3.3.4　控制权配置结构趋势图分析

结合图 3 – 5、图 3 – 6 和图 3 – 7，可以得出以下结论：（1）随着年份的增加，混合所有制企业的公司治理制衡度稍显增加；（2）随着年份的增加，第二至第十大股东持股比例之和在增加，间接说明了制衡度的增加；（3）第一大股东持股与第二大股东持股比例的比例（Z 指数）在下降，说明第二大股东对第一大股东的制衡度在增加。总体来说，上述结论说明了第一大股东的影响力在逐步下降。

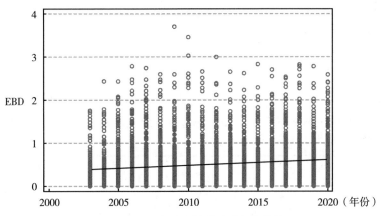

图 3 – 5　公司治理制衡度随时间变化情况

资料来源：笔者绘制。

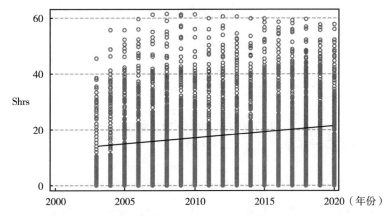

图 3 – 6　第二至第十大股东持股比例和随时间变化情况

资料来源：笔者绘制。

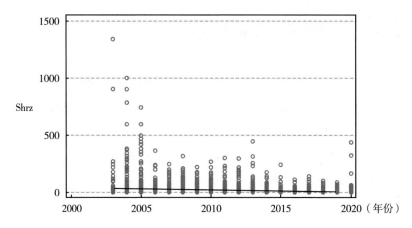

图 3 - 7　Z 指数随时间变化情况

资料来源：笔者绘制。

图 3 - 8 列出了 H 指数的变化，发现其随着时间的推移呈逐年下降趋势，这说明了在实际的市场运行中，我国混合所有制企业的第一大股东的股权集中度是在不断下降的，表明深化改革政策落实的效果较为理想。

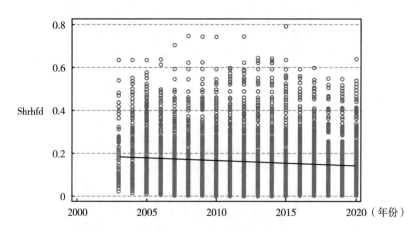

图 3 - 8　H 指数随年份变动情况

资料来源：笔者绘制。

图 3 - 9 列出了前五大股东持股比例的平方和随着时间的变动情况，也就是 Herfindahl_5 指数的变化情况，从图中可以看出该指数呈现出一个平稳的趋势，通过结合平方和的性质可以得出，随着年份的增加，我国混合

所有制企业的控制权结构呈现出一种分散化的特点，也就是说股东的持股比例分摊开始变得更为均匀，由此可以说明我国二级市场的私有化改革取得了一定的成效。

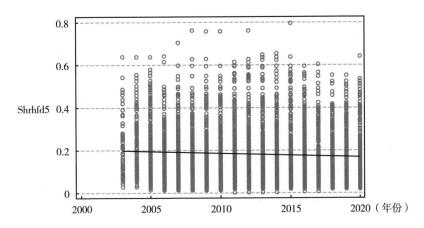

图 3 - 9　H10 指数随年份变动情况

资料来源：笔者绘制。

图 3 - 10 和图 3 - 11 描述了前五大股东和前十大股东中国有股占比随时间的变化。从中可以看出前五大股东中国有股占比相对保持平稳，但前十大股东中国有股占比随时间显著降低，表明非国有股东逐步进入。

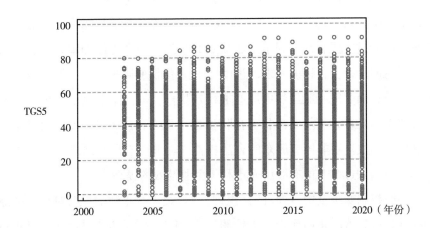

图 3 - 10　前五大股东中国有股占比随年份变动情况

资料来源：笔者绘制。

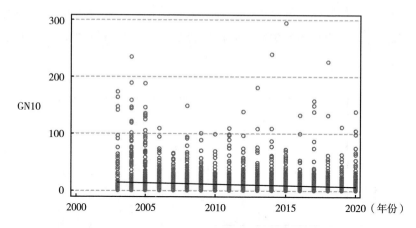

图 3-11 前十大股东中国有股占比随年份变动情况
资料来源：笔者绘制。

3.4 不同所有制下的控制权配置与企业运营效率

3.4.1 全样本结果分析

表 3-4 报告了控制权配置与企业运营效率的回归结果。其中，在股权结构维度中，列（1）至列（2）显示前五大股东中国有股东占比和非国有股东占比的过度提高都不利于企业绩效的增加，一个可能的解释是，国有股东更倾向于社会目标的实现，过度增加国有股东持股可能会抑制企业绩效的提升；而非国有股虽然更加追求绩效目标，但由于混改的不成熟导致治理体系不完善，不能发挥非国有股和国有股的混合优势，加之大股东往往利用控制权侵害非国有股东的合法权益，在非国有股东缺乏制衡能力的情况下，引入过多非国有股反而不利于企业绩效的提高。

在股权制衡维度中，列（3）至列（4）显示 S 指数的提高对企业绩效的提升具有显著的正向作用，支持假设 1-1，而公司治理制衡度（EBD）则对企业绩效产生显著负向影响。说明第二至第十大股东持股比例之和的提高能够在一定程度上对控股股东形成制衡，避免大股东侵占行为，从而提高企业绩效；但是，EBD 与企业绩效负相关可能是因为当前 EBD 整体仍处于较低水平，第一大股东仍然具有更大的股权和决策控制权，不仅股权制衡作用难以体现，而且股权分散带来的谈判和管理成本的提高使得企业绩效不升反降。

表 3 - 4　全样本回归结果

变量	(1) ROA	(2) TobinQ	(3) ROA	(4) TobinQ	(5) ROA	(6) TobinQ
TGS5	− 0. 0006 * (− 1. 86)	− 0. 0219 *** (− 3. 37)	0. 0001 (1. 19)	− 0. 0121 *** (− 5. 46)		
TNGS	− 0. 0005 * (− 1. 73)	− 0. 0190 *** (− 3. 19)	0. 0002 * (1. 66)	− 0. 0093 *** (− 3. 74)		
Shrs	0. 0015 *** (5. 45)	0. 0300 *** (5. 65)	0. 0008 *** (3. 84)	0. 0178 *** (4. 45)		
EBD	− 0. 0207 ** (− 2. 19)	− 0. 1763 (− 0. 97)	− 0. 0292 *** (− 3. 25)	− 0. 3975 ** (− 2. 32)		
EBD2	0. 0015 (0. 48)	− 0. 0512 (− 0. 87)	0. 0045 (1. 54)	0. 0256 (0. 46)		
Shrz	− 0. 0001 *** (− 2. 67)	− 0. 0004 (− 0. 68)			− 0. 0001 *** (− 4. 62)	− 0. 0013 ** (− 2. 36)
Shrhfd	0. 2810 *** (2. 88)	6. 7848 *** (4. 09)			0. 0920 (1. 44)	4. 1220 *** (3. 41)
Shrhfd5	− 0. 1631 (− 1. 49)	− 5. 0578 *** (− 2. 84)			− 0. 0282 (− 0. 44)	− 4. 6867 *** (− 3. 93)
Growth	0. 0027 *** (4. 18)	− 0. 0076 (− 0. 67)	0. 0028 *** (4. 30)	− 0. 0063 (− 0. 55)	0. 0028 *** (4. 21)	− 0. 0066 (− 0. 57)
CFO	0. 1307 *** (11. 19)	0. 7136 *** (3. 91)	0. 1314 *** (11. 24)	0. 7253 *** (3. 98)	0. 1313 *** (11. 13)	0. 7323 *** (3. 96)
Mancos	− 0. 2039 *** (− 10. 56)	0. 3192 (1. 33)	− 0. 2015 *** (− 10. 25)	0. 3707 (1. 50)	− 0. 2030 *** (− 10. 52)	0. 3541 (1. 44)
SIZE	0. 0070 *** (3. 45)	− 0. 6668 *** (− 12. 47)	0. 0077 *** (3. 77)	− 0. 6526 *** (− 12. 28)	0. 0086 *** (4. 27)	− 0. 6437 *** (− 12. 08)

续表

变量	(1) ROA	(2) TobinQ	(3) ROA	(4) TobinQ	(5) ROA	(6) TobinQ
LEV	-0.1540*** (-19.13)	0.4717*** (2.81)	-0.1559*** (-19.21)	0.4297** (2.57)	-0.1580*** (-19.84)	0.4012** (2.38)
SN	0.0000 (0.13)	-0.0025 (-0.83)	-0.0000 (-0.27)	-0.0034 (-1.16)	0.0001 (0.49)	-0.0019 (-0.62)
P	0.0003 (0.11)	-0.0415 (-0.89)	0.0007 (0.31)	-0.0328 (-0.69)	0.0003 (0.14)	-0.0374 (-0.78)
NMP	-0.0000 (-0.04)	-0.0079** (-2.18)	0.0000 (0.02)	-0.0074** (-2.01)	0.0002 (0.72)	-0.0048 (-1.33)
_cons	-0.0344 (-0.80)	15.7228*** (13.86)	-0.0565 (-1.32)	15.3990*** (13.89)	-0.0708* (-1.67)	14.9634*** (13.69)
N	11086	11086	11086	11086	11086	11086
adj. R^2	0.292	0.315	0.288	0.311	0.287	0.308

注：括号里为 t 统计量，* 表示 $p<0.1$，** 表示 $p<0.05$，*** 表示 $p<0.01$。

在股权集中度维度中，列（5）至列（6）显示第一大股东持股比例增加能够显著提高企业绩效，而前五大股东持股比例之和的增加则会显著降低企业绩效，说明股权集中在第一大股东手中有利于提高管理和决策效率，缓解中小股东"搭便车"行为，提高企业绩效，但随着其他股东持股比例的提高，股东之间一致决策的交易成本将增加，反而会降低企业的决策效率，与企业绩效呈现倒"U"型关系，支持假设1-2的同时，Z指数回归系数显著为负，说明第一大股东与第二大股东力量差异越大，越不利于提高公司绩效，这可能是因为如果股权过度集中在第一大股东手中，而第二大股东也没有与之相抗衡的能力，就会导致控股股东侵占行为和机会主义行为的发生，降低企业绩效。因此，股权集中能够在一定程度上提升企业绩效，但如果股权过度集中而缺乏制衡则会导致企业绩效的下降。

3.4.2 混合所有制企业样本结果分析

我们将样本区分为混合所有制企业与非混合所有制企业，探究两种所有制下控制权配置对企业绩效影响的差别。表 3-5 报告了混合所有制企业样本的回归结果。在股权结构维度，列（1）、列（2）显示前五大股东中国有股和非国有股的过度增加均会对企业绩效产生不利影响，与前文分析结论一致。

表 3-5　　　　　　　　　　混合所有制企业样本回归结果

变量	(1) ROA	(2) TobinQ	(3) ROA	(4) TobinQ	(5) ROA	(6) TobinQ
TGS5	-0.0006 * (-1.81)	-0.0241 *** (-3.46)	0.0001 (0.88)	-0.0105 *** (-4.64)		
TNGS	-0.0006 * (-1.75)	-0.0211 *** (-3.34)	0.0002 (1.08)	-0.0075 ** (-2.44)		
Shrs	0.0017 *** (5.33)	0.0339 *** (6.10)	0.0010 *** (3.89)	0.0197 *** (4.45)		
EBD	-0.0257 ** (-2.31)	-0.3194 * (-1.70)	-0.0366 *** (-3.42)	-0.5130 *** (-2.95)		
EBD2	0.0029 (0.77)	-0.0060 (-0.10)	0.0067 * (1.90)	0.0702 (1.25)		
Shrz	-0.0001 * (-1.95)	-0.0002 (-0.25)			-0.0001 *** (-3.73)	-0.0010 (-1.57)
Shrhfd	0.3267 *** (3.26)	5.3719 *** (3.23)			0.1293 ** (1.97)	2.8090 ** (2.12)
Shrhfd5	-0.2069 * (-1.83)	-3.2644 * (-1.94)			-0.0697 (-1.05)	-3.2139 *** (-2.61)
Controls	YES	YES	YES	YES	YES	YES
_cons	-0.0226 (-0.46)	15.7152 *** (12.44)	-0.0460 (-0.94)	15.3187 *** (12.63)	-0.0599 (-1.23)	14.8602 *** (12.24)
N	8527	8527	8527	8527	8527	8527
adj. R^2	0.287	0.331	0.283	0.326	0.281	0.322

注：括号里为 t 统计量，Controls 为所有的控制变量，* 表示 $p<0.1$，** 表示 $p<0.05$，*** 表示 $p<0.01$。

在股权制衡维度，列（3）至列（4）显示 S 指数回归系数显著为正，第二至第十大股东持股比例之和越大，越有利于企业绩效的提高，支持假设 H1-1。但是列（3）显示公司治理制衡度（EBD）与混合所有制企业的绩效呈现正"U"型关系。总体来看，EBD 越高，企业绩效越高，这可能是因为对混合所有制企业而言，EBD 的提高不仅意味着其他股东对控股股东的制衡，也意味着其他产权性质的资本对控股资本的制衡，能够充分发挥混改优势、加强对控股股东和管理层的监督，从而提高企业绩效。但是，在 EBD 较低的水平下，公司实际表现为股权非制衡，第一大股东仍然具有更大的股权和决策控制权，不能充分体现混改优势，EBD 对公司效率提高的影响就会减弱，甚至变为负向影响。

在股权集中度维度，列（5）至列（6）显示 Z 指数对企业绩效产生负向影响，而前五大股东持股比例平方和 Shrhfd5 与企业绩效呈负相关关系，说明股权集中度与企业绩效呈现倒"U"型曲线关系，支持假设 1-2。

3.4.3 非混合所有制企业样本结果分析

表 3-6 报告了非混合所有制企业样本的回归结果。在股权制衡度维度中，列（4）显示公司治理制衡度 EBD 回归系数显著为正，其平方项系数显著为负，呈现倒"U"型关系，股权制衡度对非混合所有制企业绩效的影响具有区间特征，过低或过高的股权制衡度都不利于企业绩效的增加。随着股权制衡度的增加，其他股东能够更好发挥对控股股东的监督作用，减少控股股东对公司的侵占效应，从而提高公司绩效。但当其他大股东股权制衡度过高时，过度的监督会导致过度民主，存在决策效率低下或合谋的利益侵占等问题，抑制企业绩效的提高。

表 3-6　　　　　　　　　　非混合所有制企业样本回归结果

变量	(1) ROA	(2) TobinQ	(3) ROA	(4) TobinQ	(5) ROA	(6) TobinQ
Shrs	0.0003 (0.65)	0.0026 (0.32)	0 9005 (1.19)	-0.0117 (-1.44)		
EBD	0.0202 (1.02)	0.5546 (1.27)	-0.0026 (-0.14)	0.7406* (1.91)		

续表

变量	(1) ROA	(2) TobinQ	(3) ROA	(4) TobinQ	(5) ROA	(6) TobinQ
EBD2	-0.0088 (-1.33)	-0.2559 * (-1.77)	-0.0037 (-0.57)	-0.2933 ** (-2.16)		
Shrz	-0.0001 (-1.08)	-0.0004 (-0.36)			-0.0002 * (-1.86)	-0.0016 * (-1.69)
Shrhfd	0.2098 (0.72)	10.2368 *** (2.73)			0.0123 (0.06)	8.0715 ** (2.46)
Shrhfd5	-0.1047 (-0.36)	-11.5001 *** (-2.96)			0.0772 (0.38)	-9.5927 *** (-2.70)
Controls	YES	YES	YES	YES	YES	YES
_cons	-0.2370 *** (-2.83)	14.5907 *** (7.27)	-0.2129 *** (-2.74)	13.6448 *** (6.94)	-0.2438 *** (-3.08)	14.5495 *** (7.45)
N	2559	2559	2559	2559	2559	2559
adj. R^2	0.296	0.281	0.291	0.273	0.295	0.278

注：括号里为 t 统计量，Controls 为所有的控制变量，* 表示 $p < 0.1$，** 表示 $p < 0.05$，*** 表示 $p < 0.01$。

在股权集中度维度中，列（5）至列（6）显示 Z 指数和前五大股东持股比例平方和 Shrhfd5 对企业绩效产生显著负向影响，与前文全样本回归结果基本保持一致。

3.4.4　小结

综合上述分析结果可以发现，总体而言，股权制衡度的增加不利于企业绩效的提高，股权集中能够在一定程度上提升企业绩效，但如果股权过度集中而缺乏制衡则会导致企业绩效的下降。除此之外，控制权配置对混合所有制企业和非混合所有制企业绩效影响的差别主要体现在公司治理制衡度（EBD）这一指标，在混合所有制企业中 EBD 与企业绩效呈现正"U"型关系，而在非混合所有制企业中呈现倒"U"型关系，这可能是因为混合所有制能够充分发挥国有资本股东的资金优势和民营资本的管理优势，EBD越高，股权制衡效果越好，越能够促进企业绩效的发展。而对非混合所有制来说，过度提高EBD反而会导致股权过度分散，降低决策和管理效率，降低企业绩效。

上述结论整体说明了我国的混合所有制改革任重道远，在改革中仍然存在着"为了混改而混改"的现象，很多混合所有制企业只是改善了股权结构，而并没有在实际管理中发挥混合优势。因此，在未来混合所有制改革的进程中，应切实发挥不同所有制资本的优势，实现真正的股权制衡，从而促进企业的长远发展。

3.5　不同行业下的控制权配置与企业运营效率

3.5.1　垄断行业样本结果分析

表3-7中列（1）至列（4）为分股权性质检验的股权结构对垄断类行业企业绩效的检验结果；列（5）至列（8）为分股权性质检验的股权制衡度的检验结果；列（9）至列（12）为分股权性质检验的股权集中度的检验结果。

首先，在股权结构维度中，当控股股东为国有企业时，非国有股东的参与没有带来企业绩效的提升，且非国有资本对国有资本的制衡作用不显著，支持假设2-1。一个可能的解释是国有垄断企业仅向非国有企业开放产业链下游行业，而对产业链上游的核心产业仍然持谨慎开放的态度，非国有资本无法对国有资本的核心业务形成制衡，对于企业绩效的提升不会产生显著影响。当控股股东为非国有企业时，国有股东和非国有股东的过度提高均不利于企业绩效的增加，同时，非国有企业引入国有资本往往是出于获取资源或打破产业进入壁垒的需要，民营企业大股东仍然完全掌握董事会，国有股东难以对其形成制衡。

表 3-7　垄断行业样本回归结果

变量	(1) ROA (PRN=1)	(2) TobinQ (PRN=1)	(3) ROA (PRN=0)	(4) TobinQ (PRN=0)	(5) ROA (PRN=1)	(6) TobinQ (PRN=1)	(7) ROA (PRN=0)	(8) TobinQ (PRN=0)	(9) ROA (PRN=1)	(10) TobinQ (PRN=1)	(11) ROA (PRN=0)	(12) TobinQ (PRN=0)
TGS5	0.0008 (0.86)	-0.0171 (-1.26)	-0.0187*** (-3.14)	-0.0312 (-0.33)	-0.0002 (-0.63)	-0.0075* (-1.88)	-0.0054 (-0.78)	-0.0400 (-0.75)				
TNGS	0.0008 (0.70)	-0.0284* (-1.75)	-0.0139** (-2.26)	0.0018 (0.02)	-0.0002 (-0.42)	-0.0181*** (-2.65)	0.0002 (0.08)	0.0007 (0.07)				
NG10	-0.0001 (-0.24)	0.0020 (0.60)			0.0000 (0.05)	0.0020 (0.61)						
GN10			0.0569 (0.49)	1.9810 (1.43)			0.0184 (0.14)	2.2758* (1.81)				
Shrs	-0.0007 (-0.49)	0.0314* (1.86)	0.0100 (1.63)	0.0417 (0.34)	0.0000 (0.06)	0.0238** (2.08)	0.0108* (1.81)	0.0253 (0.35)				
EBD	0.0228 (0.54)	-0.6921 (-1.12)	-0.3113** (-2.30)	0.2499 (0.14)	0.0137 (0.33)	-0.5835 (-1.05)	-0.2825 (-1.55)	-0.0287 (-0.02)				
EBD2	-0.0081 (-0.54)	0.1334 (0.67)	0.0762 (1.17)	-0.6974 (-0.74)	-0.0068 (-0.44)	0.0847 (0.47)	0.0540 (0.75)	-0.5225 (-1.00)				
Shrz	-0.0001 (-0.99)	-0.0022 (-1.25)	-0.0035 (-1.18)	0.0115 (0.30)					-0.0002 (-1.06)	-0.0018 (-0.95)	-0.0044** (-2.47)	-0.0277 (-1.49)
Shrhfd	0.2744 (1.18)	0.7812 (0.25)	-10.5343*** (-3.92)	9.6838 (0.22)					0.1749 (1.25)	1.6666 (1.15)	-2.2850 (-0.70)	32.0964 (1.14)
Shrhfd5	-0.3629 (-1.49)	0.5772 (0.16)	11.9797*** (3.77)	-9.8144 (-0.19)					-0.1887 (-1.32)	-2.1500 (-1.53)	2.5646 (0.75)	-33.6890 (-1.15)
Controls	YES	YES	YES	YES	YES	YES	YES	YES	YES	YES	YES	YES
_cons	-0.5573** (-2.64)	12.4766*** (2.79)	-1.2114*** (-3.07)	11.2307** (2.50)	-0.5907*** (-2.98)	11.9784*** (2.93)	-0.0365 (-0.03)	9.4677*** (3.15)	-0.5503*** (-3.22)	11.0777*** (2.90)	-0.7438 (-1.23)	6.0240 (1.35)
N	504	504	59	59	504	504	59	59	504	504	59	59
adj. R^2	0.254	0.375	0.904	0.342	0.254	0.375	0.788	0.407	0.263	0.363	0.832	0.356

注：括号里为 t 统计量，Controls 为所有的控制变量，* 表示 $p < 0.1$，** 表示 $p < 0.05$，*** 表示 $p < 0.01$。

其次，在股权制衡度维度中，对国有企业和非国有企业来说，S 指数对企业绩效产生显著正向影响，说明第二至第十大股东持股比例的增加能够在一定程度上提高企业绩效。但是，对非国有企业来说，列（3）显示公司治理制衡度（EBD）与企业绩效（ROA）显著负相关，这是由于在当前垄断类企业混合所有制改革的实践中，第一大股东仍然掌握绝对控制权，公司治理制衡度整体处于较低水平，表现为"股权非制衡"，公司治理制衡度对公司效率提高的影响就会减弱，甚至变为负向影响。

最后，在股权集中度维度中，Z 指数越高，说明第一大股东超过第二大股东的比例越大、股权集中度越高、企业绩效越差，这种效果在非国有企业中更加显著。

3.5.2　竞争行业样本结果分析

表 3 – 8 中列（1）至列（4）为分股权性质检验的股权结构对竞争类行业企业绩效的检验结果；列（5）至列（8）为分股权性质检验的股权制衡度的检验结果；列（9）至列（12）为分股权性质检验的股权集中度的检验结果。

首先，在股权结构维度中，当控股股东为国有股东时，前五大股东中国有股东持股比例 TGS5 和非国有股东持股比例 TNGS 增加会显著降低企业绩效，并且非国有股东对国有股东的制衡作用不显著。这可能是因为非国有股东持股比例的过度增加可能会使国有股东感到决策权受到威胁，进而对其进行抵制，导致非国有股东难以真正参与决策，混改的形式重于内容，对国有股东的制衡作用不显著。但当控股股东为非国有股东时，国有股东对非国有股东的制衡作用效果显著，这是因为国有企业的参与能够给企业带来一定的资源和政策支持，同时加强对非国有股东的监督，防止大股东侵权行为的发生，从而提高企业效率。

表 3 - 8　竞争行业样本回归结果

变量	(1) ROA (PRN=1)	(2) TobinQ (PRN=1)	(3) ROA (PRN=0)	(4) TobinQ (PRN=0)	(5) ROA (PRN=1)	(6) TobinQ (PRN=1)	(7) ROA (PRN=0)	(8) TobinQ (PRN=0)	(9) ROA (PRN=1)	(10) TobinQ (PRN=1)	(11) ROA (PRN=0)	(12) TobinQ (PRN=0)
TGS5	-0.0010** (-2.27)	-0.0219*** (-3.19)	-0.0004 (-0.69)	-0.0099 (-0.82)	-0.0001 (-0.32)	-0.0083*** (-3.39)	0.0004 (0.96)	-0.0191*** (-2.61)				
TNGS	-0.0010** (-2.44)	-0.0180** (-2.52)	-0.0005 (-0.84)	-0.0114 (-0.98)	-0.0002 (-0.99)	-0.0058** (-2.02)	0.0004* (1.84)	-0.0173*** (-3.34)				
NG10	-0.0002 (-1.07)	-0.0048 (-0.78)			-0.0001 (-0.64)	-0.0036 (-0.58)						
GN10			0.0006* (1.68)	0.0116** (2.01)			0.0007* (1.97)	0.0126** (2.07)				
Shrs	0.0018*** (4.18)	0.0280*** (4.53)	0.0014** (2.58)	0.0338*** (3.25)	0.0010*** (3.23)	0.0154*** (3.07)	0.0008* (1.76)	0.0308*** (4.25)				
EBD	-0.0200 (-1.63)	-0.0962 (-0.37)	-0.0370 (-1.64)	-0.6751** (-2.12)	-0.0308*** (-2.59)	-0.2443 (-1.04)	-0.0407* (-1.93)	-0.9480*** (-2.89)				
EBD2	0.0021 (0.54)	-0.0987 (-1.16)	0.0088 (1.15)	0.1659* (1.66)	0.0063* (1.68)	-0.0332 (-0.42)	0.0104 (1.46)	0.2436** (2.37)				
Shrz	0.0000 (-1.19)	0.0000 (-0.01)	-0.0002 (-1.06)	0.0007 (0.26)					-0.0001** (-2.33)	-0.0008 (-1.24)	-0.0002 (-1.23)	-0.0003 (-0.12)
Shrhfd	0.2981** (2.21)	4.0284** (2.26)	0.1274 (0.62)	9.5438** (2.50)					0.1234 (1.32)	1.5714 (1.46)	0.0004 (0.00)	4.8516** (2.05)
Shrhfd5	-0.1657 (-1.07)	-2.1638 (-1.11)	0.0095 (0.04)	-9.7537** (-2.43)					-0.0995 (-1.03)	-2.0806* (-1.91)	0.1042 (0.82)	-6.1744*** (-2.61)
Controls	YES	YES	YES	YES	YES	YES	YES	YES	YES	YES	YES	YES
_cons	-0.0025 (-0.04)	13.2632*** (10.79)	-0.0390 (-0.49)	16.6079*** (6.99)	-0.0301 (-0.53)	12.8770*** (10.85)	-0.0595 (-0.73)	16.7271*** (6.96)	-0.0536 (-0.94)	12.5218*** (10.75)	-0.0676 (-0.80)	15.9771*** (6.72)
N	5090	5090	2785	2785	5090	5090	2785	2785	5090	5090	2785	2785
adj. R^2	0.296	0.367	0.304	0.294	0.291	0.364	0.303	0.291	0.290	0.359	0.301	0.287

注：括号里为 t 统计量，Controls 为所有的控制变量，* 表示 $p < 0.1$，** 表示 $p < 0.05$，*** 表示 $p < 0.01$。

其次，在股权制衡度维度中，对国有企业和非国有企业而言，S 指数对企业绩效的影响均显著为正，公司治理制衡度 EBD 与企业绩效呈现正"U"型关系，支持假设 2 - 2。说明整体而言，第二至第十大股东持股比例绝对数量的提高有利于更好地实现对大股东和管理层的监督，为企业绩效增长提供保障。同时，当公司治理制衡度（EBD）处于较低水平时，第一大股东持股比例仍然很高，这时 EBD 的增加不仅没有产生对第一大股东实质的制衡作用，反而影响第一大股东决策和管理效率的提升，但随着公司治理制衡度达到一定水平，其他股东对第一大股东的制衡作用开始生效，能够显著抑制大股东和管理层的机会主义行为，提高企业效率，此时公司治理制衡度与企业绩效呈现"U"型关系。

最后，在股权集中度维度中，对国有企业而言，Z 指数和前五大股东持股比例平方和 Shrhfd5 的增加会显著降低企业绩效，说明股权过度集中不利于实现有效监督，混合所有制改革的制度优势没有得到体现，导致企业效益衰退。对非国有企业而言，第一大股东持股比例平方 Shrhfd 能显著提高企业绩效，而前五大股东持股比例平方和 Shrhfd5 却对企业绩效的提高产生显著负向影响，这是因为第一大股东持股比例的增加赋予其足够的能力与动力去监督管理层的经营决策，在一定程度上缓解了中小股东"搭便车"行为、所有者与经营者利益分歧的代理问题，但随着其他大股东持股比例的提高，股东之间一致决策的交易成本将增加，反而会降低企业的决策效率。

3.5.3 公益行业样本结果分析

表 3 - 9 中列（1）至列（4）为分股权性质检验的股权结构对公益类行业企业绩效的检验结果；列（5）至列（8）为分股权性质检验的股权制衡度的检验结果；列（9）至列（12）为分股权性质检验的股权集中度的检验结果。

表 3 - 9　公益行业样本回归结果

变量	(1) ROA (PRN=1)	(2) TobinQ (PRN=1)	(3) ROA (PRN=0)	(4) TobinQ (PRN=0)	(5) ROA (PRN=1)	(6) TobinQ (PRN=1)	(7) ROA (PRN=0)	(8) TobinQ (PRN=0)	(9) ROA (PRN=1)	(10) TobinQ (PRN=1)	(11) ROA (PRN=0)	(12) TobinQ (PRN=0)
TGS5	-0.0080 (-0.83)	-0.2225 (-1.49)	0.0136*** (160.61)	-0.5610 (.)ª	-0.0055 (-0.95)	-0.2703** (-2.56)	0.0217 (.)	-1.0106*** (-4006.71)				
TNGS	-0.0005 (-0.06)	-0.1921 (-1.59)	0.1638*** (111.51)	-9.1597 (.)	-0.0008 (-0.14)	-0.2222** (-2.37)	0.0218 (.)	-0.4137*** (-2807.12)				
NG10	-0.0492** (-2.28)	-0.2650 (-0.61)			-0.0345** (-2.68)	-0.3998* (-2.07)						
GN10			3.6290*** (108.24)	-195.2331 (.)			0.1329 (.)	8.2835*** (4422.26)				
Shrs	-0.0034 (-0.77)	0.0746 (1.18)	-0.0877*** (-66.49)	4.9878 (.)	-0.0036 (-1.07)	0.0899* (1.88)	0.0058 (.)	-0.0304*** (-392.66)				
EBD	0.1981* (1.89)	2.5795 (1.15)	-9.2459*** (-157.28)	502.8606 (.)	0.1741 (1.62)	2.8900 (1.53)	-1.9583 (.)	25.7726*** (3828.69)				
EBD2	-0.0370 (-0.89)	-1.0273 (-1.21)	4.5293*** (136.64)	-250.1078 (.)	-0.0522 (-1.58)	-1.0230 (-1.34)	0.8201 (.)	-11.8501*** (-3328.71)				
Shrz	-0.0019 (-1.00)	0.0083 (0.38)	-0.2663*** (-111.64)	16.6954 (.)					-0.0018 (-1.49)	0.0083 (0.50)	0.3045*** (32.31)	-8.9698 (.)
Shrhfd	3.1366 (1.55)	-8.7322 (-0.13)	10.6873*** (173.29)	-799.6094 (.)					3.4117** (2.32)	13.9210 (0.62)	-72.7744*** (-28.52)	2521.9196 (.)
Shrhfd5	-3.0192 (-1.48)	1.9419 (0.03)	-6.5873*** (-772.72)	562.9478 (.)					-3.2654** (-2.30)	-24.6607 (-1.17)	60.2797*** (28.90)	-2086.0695 (.)
Controls	YES	YES	YES	YES	YES	YES	YES	YES	YES	YES	YES	YES
_cons	0.7941 (0.61)	22.3494 (1.24)	6.9164*** (62.98)	-465.9561 (.)	0.4061 (0.30)	24.6528 (1.40)	-2.8328 (.)	96.4299*** (3458.17)	1.7403* (1.91)	17.1763* (2.09)	20.0097*** (26.49)	-704.5620 (.)
N	54	54	35	35	54	54	35	35	54	54	35	35
adj. R²	0.797	0.641	1.000	1.000	0.792	0.678	1.000	1.000	0.730	0.600	1.000	1.000

注：a. 本表一些列中只有系数，无 t 值，用（.）表示，** 表示 p<0.05，*** 表示 p<0.01。主要原因是公益行业样本较少，导致在回归软件中无法输出 t 值，自由度较少。
括号中为 t 值，* 表示 p<0.1，** 表示 p<0.05，*** 表示 p<0.01。

首先，在股权结构维度中，结合表 3-9 中列（1）与列（6）发现，对国有控股公益企业来说，前五大股东中国有股占比与非国有股占比的提高，以及非国有股东对国有股东制衡的提高均会显著降低企业绩效。这可能是因为非国有股东本身具有逐利性，而公益类行业本身具有非盈利及保障社会福利的属性，两者的冲突会增加企业谈判达成一致的成本，进而降低企业的绩效。与之相反，列（3）显示对非国有控股公益企业来说，前五大股东中国有股占比与非国有股占比的提高，以及非国有股东对国有股东制衡的提高均会显著提高企业绩效。这是因为引入国有股东制衡后，其更多地发挥政府职能以及提供政策支持的作用，国有股东自身的非营利性与公益行业的行业特性不谋而合，更有利于企业公益目标的实现。

其次，在股权制衡度维度中，当控股企业为国有企业时，公司治理制衡度 EBD 对企业绩效影响不显著，这是因为制衡股东进入公益行业的目的在于其自身的社会责任感及塑造企业形象，并不会对公司管理产生实质性影响，且大股东的掏空行为也并不明显。当控股企业为非国有企业时，公司治理制衡度 EBD 与 TobinQ 呈现倒"U"型关系，说明当公司治理制衡度较低时，提高公司治理制衡度可以增强对大股东的制约，抑制第一控股股东即非国有股东和企业管理层的机会主义行为，推动公益目标的实现和企业效率的增加。但随着公司治理制衡度的增加，股权过度分散，会间接提高谈判和管理成本，反而不利于企业绩效的提高，所以两者呈倒"U"型关系。

最后，在股权集中度维度中，对国有企业而言，第一大股东持股比例平方 Shrhfd 能显著提高企业绩效，而前五大股东持股比例平方和 Shrhfd5 却对企业绩效的提高产生显著负向影响，这是由于第一大股东国有股东的自身特性与公益企业的目标相一致，国有股越深入，越能够利用自身资源充分发挥社会效益，而前五大股东持股比例的增加反而会导致股权的分散，从而降低股东对公司的控制和决策效率，降低企业绩效。对非国有企业而言，结果恰恰相反，前五大股东持股比例平方和 Shrhfd5 能显著提高企业绩效，而第一大股东持股比例平方 Shrhfd 却对企业绩效的提高产生显著负向影响。这是由于非国有股东自身具有逐利性，第一大股东即非国有股东股份占比的过度提高，可能会影响企业公益目标的实现，而增加前五大股东持股比例有利于提高股权分散度，加强对控股股东的监督，提高企业绩效。

3.5.4　小结

综合上述分析，本章得出如下结论。

第一，在垄断行业中，国有股东和非国有股东的制衡作用不显著。对非国有企业而言，股权制衡度和股权集中度的提高均对企业绩效产生负向影响。

第二，在竞争行业中，国有股东对非国有企业的制衡作用显著，而非国有股东对国有企业的制衡效果不显著，说明国有企业的混合所有制改革仍然存在形式重于实质的问题；股权制衡对企业绩效的影响呈现"U"型关系；国有企业股权集中度的提高会降低企业绩效，而非国有企业第一大股东持股比例的提高反而有助于企业绩效的提升。

第三，在公益行业中，国有企业中非国有股东的引入会对企业绩效产生不利影响，而非国有企业中国有股东的引入会提升企业绩效；非国有企业中股权制衡与企业绩效呈倒"U"型关系；国有企业中第一大股东持股比例对企业绩效有正向影响，而非国有企业与之相反。

以上结论整体说明了混合所有制改革的效果在不同行业中存在着一定差异，混合所有制改革政策的制定也应结合各行业的特性，因行业而异，有针对性地推进混改，构建合理的股权结构和公司治理结构，推动企业短期绩效的提高和长期发展。

第 4 章

控制权配置、并购与混合所有制
形成与结构优化

在本章中，我们对控制权配置、并购与混合所有制发展之间关系的理论机理进行分析。首先，我们从理论层面研究并购如何促进混合所有制结构的形成；其次，通过案例说明混合所有制结构形成与优化的过程；最后，进一步从控制权配置、企业家能力和混合所有制企业的联合控制权配置实现过程说明混合所有制结构的优化。

4.1　并购如何促进混合所有制结构形成

4.1.1　模型基本情景设定和参数假设

本章从理论上构建并购驱动混合所有制结构形成的基本模型。基于哈特和霍姆斯特罗姆（Hart & Holmstrom，2010）的研究，构建并购驱动企业双方参与控制权配置的动态演化过程。

首先，设定一个并购情景，包含两个企业 A 和 B，令 A 企业为国有企业，B 企业为非国有企业；其次，两个企业需要做出是否合并的选择；最后，估计企业的收益，时序图如图 4-1 所示。

企业组织形式　　　　　是否合并的　　　　　收益分析
的选择　　　　　　　　 选择

图4-1 时序图

假设每个企业的决策由企业所有者做出，企业可以选择合并或者不合并，且事后不能改变，后面会放松这些条件，进一步分析企业的相关收益。图 4-2 显示了企业 A 和企业 B 不同选择的收益，假设这些收益是不可验证且完全正确的。其中"v"表示利润，"w"表示私人收益（私人收益可以用货币衡量），"Y"表示选择合并，"N"表示不合并。从图中可知只要有一方选择不合并，两个企业都选择不合并。

企业B：非国有企业

	Y：合并	N：不合并
Y：合并 **企业A：** **国有企业**	A：$v_A(Y,Y),w_A(Y,Y)$ B：$v_B(Y,Y),w_B(Y,Y)$	A：$v_A(N,N),w_A(N,N)$ B：$v_B(N,N),w_B(N,N)$
N：不合并	A：$v_A(N,N),w_A(N,N)$ B：$v_B(N,N),w_B(N,N)$	A：$v_A(N,N),w_A(N,N)$ B：$v_B(N,N),w_B(N,N)$

图4-2 企业不同选择下的收益分布

令 Z_i（i = A 或者 B）表示企业的总盈余，则：

$$Z_A \equiv v_A + w_A, Z_B \equiv v_B + w_B, \qquad (4-1)$$

$$\Delta v_i = v_i(Y,Y) - v_i(N,N), i = A, B$$

$$\Delta w_i = w_i(Y,Y) - w_i(N,N), i = A, B \qquad (4-2)$$

$$\Delta z_i = z_i(Y,Y) - z_i(N,N), i = A, B$$

其中，假设私人利益的获得来自工作满意度，且合并将导致私人利益的减少，即 $\Delta w_i \leq 0$；关于利润 v 没有严格假设；两个企业合并或者不合并的总盈余也是不确定的。

4.1.2　并购参与主体的策略选择

针对企业 A（国有企业）和企业 B（非国有企业）有两种选择：第一，不合并，每个企业将实现自身盈余的最大化，即收益为 $Max(Z_i)$；第二，合并，合并后形成混合所有制企业，如果该企业由专业经理人经营，则将实现利润最大化，即 $Max(v_A + v_B)$；如果由企业 A（国有企业）或者企业 B（非国有企业）中的管理者经营，则在实现利润最大化的前提下，也将实现私人利益的最大化，即 $Max(v_A + v_B + w_i)$，$i = A$，B。

在前面的假设中，假定一个企业选择不合并等同于两个企业都选择不合并。现在放松这一假设，则可以得到四个结果，分别为 （Y，Y），（Y，N），（N，Y），（N，N）。同时，假设当一个企业选择合并比不合并获得的私人利益较低，意味着合并将导致企业获得集体利益但是会造成私人利益的损失。在前面的基本假设中，在不合并的条件下，（Y，Y）不是一个纳什均衡，主要由于利益分布不均。但是在放松了基本假设以后，（Y，Y）不是纳什均衡的主要原因是存在搭便车行为。因此，关于国有企业和非国有企业是否合并，取决于合并后企业收益是否高于不合并，而且即使合并也会存在内部因素影响企业收益，下面将分情况探讨不同模型下国有企业和非国有企业合并或者不合并的企业收益。

4.1.3　合并与非合并状态的企业收益分析

根据上述基本模型的设定，如果国有企业和非国有企业都选择不合并或者其中一方选择不合并是有效的，则不合并能够实现双方企业利益最大化；如果国有企业和非国有企业都选择合并是有效的，则企业双方通过合并能够实现最优。此外，假设双方企业通过合并获得的利润足够大，且这些利润在企业间不均匀分布，则合并是最优的选择。如果合并的私人成本足够高，那么不合并将是最优的选择。

进一步构建损益模型。损益模型和基本模型的区别在于合并是否需要协调，而协调会产生隐性损失。在模型中令 θ 表示影子参数（或者称为损失参数）。同理，如果国有企业和非国有企业都选择不合并是有效的，则不合并能够实现利益最大化；如果国有企业和非国有企业都选择合并是有效的，且合并需要协调，由于协调会造成无谓损失，所以合并不是最优的，应视情况而定，因此企业选择合并有以下两种情况。

第一，当 $\Delta v_A + \Delta v_B \leq 0$ 时，混合所有制企业中职业经理人和企业拥有者偏好一致，此时不存在隐性损失，社会剩余为：

$$S = Z_A(N,N) + Z_B(N,N) \qquad (4-3)$$

第二，当 $\Delta v_A + \Delta v_B > 0$ 时，此时企业拥有者想合并，但是职业经理人不想合并，此时存在私人收益，条件变为 $\Delta v_A + \Delta v_B + \theta(\Delta w_A + \Delta w_B) \geq 0$。如果该条件成立，则社会剩余为：$S = Z_A(Y,Y) + Z_B(Y,Y) + \theta(\Delta w_A + \Delta w_B)$；如果条件不成立，则社会剩余为：$S = Z_A(N,N) + Z_B(N,N) - \theta(\Delta w_A + \Delta w_B)$。

接下来，我们在损益模型的基础上，引入委托代理，进一步考虑委托代理情况下的社会收益。在委托代理的情况下，存在违约行为，我们假设此时的隐性损失参数满足 $1 \geq \bar{\theta} \geq \theta$ 的条件，存在委托代理的情况有以下四种。

第一，当 $\Delta v_A + \Delta v_B \leq 0$ 时，在存在委托代理情况下，国有企业和非国有企业选择不合并，社会剩余为：$S = Z_A(N,N) + Z_B(N,N)$。

第二，当 $\Delta v_A + \Delta v_B > 0$ 时，在委托代理情况下，即使职业经理人不愿意合并，但还是进行了合并，此时社会剩余为：$S = Z_A(Y,Y) + Z_B(Y,Y) + \theta(\Delta w_A + \Delta w_B)$。

第三，当 $\Delta v_A + \Delta v_B > 0$ 时，在委托代理情况下，国有企业和非国有企业拥有者都选择合并的社会剩余为：$S = Z_A(Y,Y) + Z_B(Y,Y) + \bar{\theta}(\Delta w_A + \Delta w_B)$。

第四，当 $\Delta v_A + \Delta v_B > 0$ 时，在委托代理情况下，国有企业和非国有企业间并未协商，采取不合并，此时社会剩余为：$S = Z_A(N,N) + Z_B(N,N) - \theta(\Delta w_A + \Delta w_B)$。

因此，在委托代理情况下，相较于直接合并情况下的协商相对较少，但是与最基本的情况相比，协商相对较多。

基于上述三种模型的讨论可知，从基本模型到引入委托代理后，国有企业和非国有企业都选择合并后能够实现社会剩余价值最大化，且无论何种影响因素，合并带来的社会效益最优。该结论说明了并购可以驱动混合所有制结构的形成，且在一定条件下能够实现社会福利最优。

4.2　并购驱动混合所有制结构形成与优化的案例分析

4.2.1　ZGJC 通过并购进行混合所有制改革案例[①]

中国经济经历的快速发展时期使得市场对水泥的需求量与日俱增，在这期间，大量的私营中小水泥产业企业成立，水泥生产商大多基于地域设立，因而具有高度分散的特征。随着新公司的不断涌入，新增的市场供给量远远大于市场需求量，导致水泥价格长时间持续走低。在水泥行业产能过剩、布局分散、恶性竞争的背景下，ZGJC 大胆探索推动混合所有制改革，并取得了显著成效。作为中国混合所有制企业的先行者，ZGJC 充分考虑民营企业利益诉求，以市场化方式开展联合重组，探索"央企市营"的新模式，其改革的成果，是验证国有企业推行混合所有制改革可行性的重要实践支撑。2011 年，其并购整合经验入选美国哈佛大学的商学院案例库；2014 年 7 月，ZGJC 集团被国务院国资委列为发展混合所有制经济和央企董事会落实三项职权的双试点企业。因此，研究 ZGJC 并购重组过程中的实践经验对于推进混合所有制改革具有重要的理论价值和现实意义。

---

① 资料来源：Wind 数据库及东方财富网站。

4.2.2　并购过程

ZGJC 对区域水泥市场的整合，主要以母公司通过如下几个重要的并购方案达成。

XZZL 并购 XZHL。2006 年，在整个水泥行业处于产能过剩、布局分散、恶性竞争的背景下，ZGJC 与 XZHL 展开了激烈的价格战，水泥价格很快从 400 元下跌到 200 元，XZHL 凭借其万吨生产线在价格战中占据相对主动地位。在中国建筑材料工业协会召开的一次会长会议上，有关负责人正式向 HL 集团提出，为加快调整徐州地区水泥工业结构，建议 HL 集团将徐州公司转让给 ZGJC 集团，此后，双方展开谈判。最终 ZGJC 以 9.61 亿元的并购对价通过子公司中联水泥收购了 XZHL 的全部股权，并和 HL 集团就市场、技术、管理等领域形成了战略合作伙伴关系。在 XZZL 水泥完成整合后，当地水泥价格回归合理水平，且拥有了当时最先进的万吨熟料生产线。此次并购的有效整合为后续 ZGJC 集团对国内其他区域市场大规模重组后的管理积累了扎实的经验基础。

成立南方水泥，整合江浙市场。2007 年前后，江浙地区水泥市场陷入恶性竞争，且缺少具有话语权的龙头企业带头整顿，几乎整个区域市场的水泥企业都处于亏损状态。2007 年初，ZGJC 时任董事长与其他四家水泥企业进行会谈。他坚持合作共赢，只有联合才能避免恶性竞争，实现市场健康化，并且将 ZGJC 的发展理念和民营企业的利益诉求有机结合，保证公平合理定价，给民营企业创业者留有一定股份，推动创业者转变成职业经理人。通过这次会谈，这四家整体份额占据浙江半壁江山的民营企业均同意加入 ZGJC。2007 年 9 月，ZGJC 为整合南方市场，与其他企业共同出资设立了南方水泥公司，其中 ZGJC 持股 75%。南方水泥在三年内重组了南方地区 150 多家企业，从不产一两水泥发展为能够快速形成 1 亿多吨产能的大型旗舰性企业。

成立北方水泥，整合东北市场。2009 年 3 月，工信部下发《关于在当前形势下进一步做好产业政策工作的通知》，强调重点推动钢铁、水泥等行业兼并重组，鼓励企业以市场为导向，打破地区和所有制界限进行兼并收购和联合。在 ZL 水泥和 NF 水泥都顺利完成关键整合阶段的情况下，ZGJC 创新融合产业资本和金融资本，与 HY 投资共同打造北方水泥，在东北和内蒙古制定区域性重组战略。东北市场相对于其他较为成熟的区域性市场发展较为滞后，因此 ZGJC 对北方水泥的定位是建立北方地区规模最大、盈利能力最强的中大型水泥公司。北方水泥成立后延续 ZGJC 的一贯重组战略，并购为主，新建为辅，全力推进东北地区联合重组，先后重组了多家区域龙头企业，并带头淘汰落后产能，以资本运作配合联合重组，极大地提高了东北地区水泥市场的行业集中度。

成立西南水泥，整合云贵川渝。2010 年后，由于灾后重建工作的结束，西南市场的水泥行业持续低迷，2011 年底，ZGJC 通过与其他三家企业订立出资协议，共同成立西南水泥公司，整顿西南水泥市场，其中 ZGJC 集团持股50％。此后，西南水泥在云贵川渝收购了 150 多家企业，有效挽回了西南地区水泥颓势。

至此，ZGJC 通过联合重组基本完成在全国水泥业务的整合和战略布局，在母公司层面实现了混合所有制改革。在子公司层面，ZGJC 的多家控股子公司，通过公开发行股票、资产置换、引进战略投资等多元化的方式注入民营资本活力，共同发挥不同所有制的资本优势。

如 ZGJS 是 ZGJC 集团旗下的改革试点企业之一。它是全球最大的玻璃纤维生产商，全球市场占有率为22％。1992 年 4 月 22 日在上海证券交易所上市时，由国有企业和民营企业联合持股，其中国有企业为大股东。其主要股权持股情况为 ZGJC 集团有限公司（国有企业）持股 37.79％，ZJTX 股份有限公司（民营企业）持股 22.26％，JSYL 集团公司（地方集体企业）持股 4.24％，ZGJCSB（国有企业）持股 2.38％，其他流通股股东（普通流通股）持股 33.33％[①]。

而在企业秉承"三七原则"设计股权结构，积极引进外资，设立公司及引进基金后，ZGJS 的股权配置发生更改。其中，ZGJC 股份有限公司

① 数据来源 ZGJS1999 年度报表。

（国有企业）持股 26.97%，ZS 控股集团有限公司（民营企业）持股 15.59%，香港中央结算有限公司（外资战略投资者）持股 7.13%，基金持股 1.54%，其他流通股东（普通流通股）持股 49.77%[①]。

从 ZGJS 2018 年主要股权持股情况可以看出，在实施改革后该公司采用的是"正三七"的多种股权构成模式。

BX 集团建材有限公司成立于 1997 年，BX 建材是全球最大的石膏板生产企业，在充分竞争、完全开放的石膏板行业赢得了国内 50% 以上的市场份额。其在深圳证券交易所上市，但是上市之初股权结构较为单一，同年股权构成为 BX 建材（集团）有限公司（国有企业）持股 66.28%，投资基金（民营企业）持股 0.58%[②]，而在秉承"三七原则"设计股权结构后，ZGJC 股份有限公司（国有企业）持股比例 37.83%，香港中央结算有限公司持股比例 8.16%，GTMA 投资集团有限公司（国有企业）持股比例 6.68%，BX 集团自然人股东持股比例 4.59%，KBK 储蓄投资集团持股比例 1.29%，全国社保基金一零九组合持股比例 1.12% 等[③]。

从 BX 集团现有股权持股情况可以看出，"正三七"是 ZGJC 集团持有上市公司 30% 以上的股份，以第一大股东实现相对控股。

ZGJS 有限公司和 BX 建材有限公司，作为三级上市混改试点，在 2015 年签约同时接到《关于 ZGJC 集团有限公司发展混合所有制经济试点方案》。

对 ZGJS 有限公司而言，从股权结构上看，ZGJC 是第一大股东，此外还拥有部分外资企业和民营企业的股份，所以形成了上市公司层面的混合制。ZGJC 以第一大股东实现相对控股。ZGJS 股份有限公司拥有 11 名董事会成员，其第一大控股股东 ZGJC 股份委派了两人担任 ZGJS 董事长和副董事长，借此来保证自身的主导地位。而第二大股东民营企业 ZS 控股集团参与公司战略确定及经营管理，不仅保证了民营企业股东的话语权，还引入了民营企业的治理机制。从历年的股权结构调整过程中可以看出，国有

---

① 数据来源于 ZGJS2018 年度报表。
② 数据来源于 BX 建材 1997 年度报表。
③ 数据来源于企业自主公示。

资本在 ZGJS 的股权结构中从最初的绝对控股变成如今的相对控股，而且其降低国有股权的方式多元化，通过引入战略投资者、资产重组等方式在不断稀释国有股权的过程中也能够使各方资本有效融合，发挥了不同资本在国有企业中的独特优势，构建了全面均衡而又科学多元的股权结构。ZGJS 多次股权结构调整不论从公司决策角度、监督机制角度还是激励机制角度来说都有巨大的价值和意义。除此之外，据 2005～2018 年对 ZGJS 财务绩效的分析，在公司进行股权结构调整以后，不仅为公司的快速发展提供了资金支持，还能够降低企业借款和财务费用，中和了债务风险，短期代偿能力得到改善，并最终提升企业的长期偿债能力以及运营和盈利能力，尤其在 2015 年，资产负债从 2014 年的 79% 下降到了 59%，流动资产首次超过了流动负债。

BX 建材股份有限公司是一家综合性新型建材产业集团，从股权结构上看，公司除第一大股东 ZGJC 股份公司以外，还拥有其他境内国有法人、非国有法人和自然人的股份，所以形成了上市公司层面的混合所有制。ZGJC 股份作为相对持股的第一大股东，与其他股东共享 BX 建材的收益权，同时其他股东对 BX 建材也有一定的表决权。

两个公司无一例外，都实现了股权结构制衡和多元化，这也是实施改革的目的之一，能够从根本上解决国有企业中所有者缺位的问题。此外，股权结构多元化在客观上提升了中小股东的地位，提升中小股东在企业决策中的话语权，这在一定程度上能够帮助决策层做出更加科学和民主的决策，因此能够减少大股东的私利行为，有利于企业的长远发展。

4.2.3　案例结论

1. 混合所有制的成效

（1）实现了国有经济和民营经济的合作共赢。以联合共生的尊重态度，多元化的股权结构设计赋予民营资本足够的发展空间，既实现了民营资本的保值增值，又吸引了更多的社会资本壮大国有经济，做好了效率和公平之间的平衡，改善了公有经济和非公经济的竞合关系，真正实现国民共进。

（2）加速了建材行业供给侧结构性改革。ZGJC 的联合重组，打破了水泥等建材行业产能过剩与恶性竞争的困局，提高行业集中度并带头淘汰落后产能，塑造了健康有序的行业生态。通过实践探索出了一条以国民共进方式整合资源，推进水泥等产能过剩行业的供给侧结构性改革的有效路径。

（3）增进了国有经济内部的竞争与发展。引进民营企业经营机制和管理体制，推行灵活的用人用工制度，内部的市场化改革推动激励机制识别更多优秀人才，将国有经济的人才集聚效应与民营经济的灵活选拔制度有机结合，充分发挥混合优势，使得国有经济得以打破内部僵化的机制设计格局。

（4）培育了能力突出、能征善战的企业家队伍。联合重组推动有能力的创业者转变为职业经理人，不仅是为民营企业家们提供了实现个人价值的平台，更为集团的业务扩张储备了大量业绩突出、业务水平过硬的企业家队伍。优秀的民营企业家及其市场拼搏精神，已成为 ZGJC 核心竞争力的重要内容。

2. 混合所有制的实现

（1）践行"央企市营"理念，保证央企控股下公司内外的市场化经营。遵循"央企市营"理念，坚持"央企的实力 + 民企的活力 = 企业的竞争力"这一融合公式，"混得适度、混得规范、混出效果"的混合所有制改革三原则，"规范运作、互利共赢、互相尊重、长期合作"的方针。在产权制度方面，通过引进民营资本对公司实现多元化的产权改造，相比单一产权，混合所有制有助于盘活多种所有制下资本的积极性；在公司内部，实现内部机制市场化，发挥激励机制作用识别优秀人才，有效避免僵化的用人用工制度。同时规范公司治理结构，在国资委推行董事会试点工作后，ZGJC 形成了"国资委—央企董事会—央企经理层—全体职工"的委托代理模式，真正实现政企分开，所有权和经营权分离的现代公司的规范治理结构；在公司外部按照市场规则展开经营，国有企业、中央企业不应靠国家支撑获得"超国民待遇"，而应靠实际的业务水平赢得市场尊重。ZGJC 联合重组的过程塑造了健康良性的行业生态，良好的竞合关系缓解了恶性竞争，更有助于公有制与非公有制企业和谐共生，相辅相成。

（2）秉持"三七原则"设计股权结构，注入民营资本增强企业活力。股权结构设计是实现混合所有制的关键，正如《中共中央、国务院关于深化所有企业改革的指导意见》指出"宜独则独、宜控则控、宜参则参"。ZGJC 设立"正三七"和"倒三七"的混改原则，"正三七"是 ZGJC 集团持有上市公司 30% 以上的股份，以第一大股东实现相对控股，"倒三七"是指集团的上市公司，70% 的股份由上市公司持有，为机构投资人和创业者保留 30% 的股份。这套原则探索出了一套合理有效的多元化股权结构，形成了有效的控制体系，在保障国有资本控制力的同时保留非国有资本，引入市场机制，增强了企业活力，用少量的国有资本带动了大量的社会资本，共同推进企业发展。在产权多元化的过程中，ZGJC 允许民营企业创业者进入，成为规范治理企业中的职业经理人，这样一来，民营企业的机制得以继续保留，民营资本也参与到国有企业的产权改革中。正是因 ZGJC 在维护国有资本在集团战略决策方面的绝对控制权并给予了民营资本足够的空间发挥其独有作用。得益于此，ZGJC 集团的联合重组才能大而不乱，实现了创造利润、提高市值、增发新股的良性循环。

（3）切实考虑民营企业的利益诉求。混合所有制推进的难点在于公有制经济和非公有制经济对彼此各怀疑虑，双方的信息不对称难以实现多种所有制经济的有效整合。在 ZGJC 的联合重组过程中，对民营企业的整合方式及未来发展模式的设定既维护了双方利益又充满人性关怀，打消了民营企业对国有资本强买强卖的顾虑：在并购对价方面，聘请第三方机构进行公允定价；优化原有的经营团队，民营企业老总从创业者转变为职业经理人，继续从事自己的事业，并持有 30% 的股份，有机会分享整合后的收益。ZGJC 充分考虑民营企业的利益获取和表达渠道，缓解中央企业和民营企业的竞合关系，实现双方的多赢发展。要混合必须实现双赢，要变革必须端出"牛肉"来。在和民营企业"混合"的过程中，ZGJC 端出公平合理定价、给创业者留有股份、保留经营团队并吸引创业者成为职业经理人这"三盘牛肉"，用公平实在的收益吸引重组企业加入，为发展混合所有制经济，实现国民共进奠定了制度基础，找到了实现路径。"三盘牛肉"的做法，集中反映了与人分利、共生多赢的核心思想，在联合重组的过程中起到了关键作用。

（4）营造"文化包容"氛围，以文化认同推动企业和谐发展。混合所有制改革就像水和茶的融合，融合得好就是一杯上好的茶水。在文化与制度的结合下，ZGJC 通过与自然、社会、竞争者、员工和谐相处，实现了包容性增长。不同所有制、不同经营理念和创业背景的企业实现融合并取得效益是完成混合所有制整合的关键。混合不只是不同所有制下资本的融合，更是优势与文化的融合。ZGJC 推行的兼容并蓄与和谐共生极大地增加了被重组企业的归属感和被认同感，通过文化融合实现尊重，汲取各方之长实现共生共赢。ZGJC 在并购千家企业后能够做到大而不散，其所构建的以融合为特质的企业文化氛围，成为联合重组成功的重要推动力，并逐渐成为企业团队的价值观和行为准则，渗透到企业的各个层面。并购的达成是战略定位的胜利，而良好的整合应是文化认同和凝聚力的实现，在多种所有制经济的共生合作中，文化融合是一种容易忽视但极为重要的生产力。

4.3 控制权配置、企业家能力与混合所有制企业的联合控制权案例分析

本部分研究的是近年来文献中关注的理论热点——联合控制权，而目前国外文献的研究主要侧重于对理论模型的构建，尚鲜有实证研究对其进行检验，这主要是因为有关联合控制权的样本较少，且在公开的年报中难以获得相关数据，而基于案例的研究方法可以弥补这一不足，有助于明确联合控制权的实现过程和内在的机理。

案例研究样本的选择主要是考虑案例对象与研究问题的匹配性。本部分选择 GL 电器混改案例主要基于以下原因：第一，GL 电器集研发、生产、销售、服务于一体，在家电行业内有极强的代表性。第二，国有资产通过 GL 电器的发展，需要实现其保值增值。一方面，GL 集团将国有资本投入不同产业，提高其使用效率；另一方面，通过授权企业家团队管理国有资产，将生产要素优化配置，将集团现有资源实现整合，GL 电器混改是竞争类国有企业混合所有制改革中实现联合控制权的典型案例，显著区别于以往的国有控股、非国有控股混改模式，特别是企业家能力体现在 GL 混改的始终。第三，地方政府通过混改实现地方经济高质量发展的一个标志性事件就是战略性转让 GL 电器国有股权，做好 GL 电器混改。从 2002 年起，ZH 市政府对 GL 集团实施授权经营，到最后混改，国资委战略性转让 GL 电器国有股权，GL 电器完整地经历了政府逐步放权、管理层团队逐步成长，并建立了初步的现代化公司治理体系的过程，媒体和社会关注较多，我们能较为完整地从公开报道和企业发布的信息获取混改的过程、数据和细节。

本部分使用的数据主要是公开的二手数据，通过归纳推理的方法进行，具体来源如下：（1）网络媒体资料。本案例企业受到媒体关注较多，网络上可以收集到有关该企业的大量媒体新闻、对企业家的专题访谈和第三方机构的深度分析报告，以及 ZH 市国资委发布的有关混合所有制改革及地方产业发展的相关资料。（2）企业公开的年报和公告。从深圳证券交易所下载了与案例相关的年报和一系列的公告。本部分对上述这些信息和资料进行了系统的收集、归纳与整理。

根据这些数据，本部分以 GL 电器混改事件点和重要事件为切入点，分析了混改的背景、内外部动因及前期条件，由此说明了在不完全契约环境中，企业家能力在实现联合控制权安排中的重要作用，进一步通过分析地方政府的放权与企业家能力提升的互动说明了混合所有制改革过程中联合控制权深层次实现的基础，并提出一般性的企业未来在进行混改实现联合控制权安排的政策建议。

4.3.1 GL 混合所有制改革的背景、动因与前期条件

1. GL 电器混改时间点和重要事件

GL 电器股份有限公司（以下简称"GL 电器"）是一家多元化、科技型的全球工业集团，在混改前，GL 电器由控股股东 GL 集团有限公司（以下简称"GL 集团"）控股，而 GL 集团是 ZH 市国资委监管的 ZH 市属国有企业，因此 GL 电器是一家典型的地方国有企业，其产业覆盖空调、生活电器、高端装备、通信设备四大领域，产品遍布 160 多个国家及地区。GL 电器不仅是 ZH 市属制造业的产业龙头，也是中国电器行业的标杆企业代表。

2019 年 4 月 1 日，GL 电器发布重大事项停牌公告，公告称其控股股东 GL 集团通知，GL 集团正筹划转让所持有的部分 GL 电器股权，公司控制权可能会发生变动，并称交易涉及国有股权转让。4 月 8 日，GL 集团函告公司，GL 集团拟将其持有的 GL 电器总股本 15% 的股票协议转让，公开征集受让方。6 月 26 日，股东大会审议通过了《关于控股股东申请终止剩余股权激励计划的议案》，为混改后制订新的激励计划创造条件。7 月 26 日，GL 电器发布公告称，长期以来，GL 电器保持了基本稳定的管理层，逐年提升经营业绩和公司市值，以往股权分置改革方案中的管理层激励计划已经履行完毕，已达到激励目的，终止剩余股权激励计划对推动 GL 电器顺利完成混改有利。8 月 12 日，GL 集团函告公司，原则上 ZH 市人民政府国有资产监督管理委员会已同意本次 GL 电器国有股权转让项目公开征集受让方方案。8 月 13 日，GL 电器发布公告，内容是公开征集控股股东拟协议转让公司部分股份受让方的，确定转让 GL 集团 15% 的股份，本次股份转让完成后，公司的控股股东和实际控制人可能会发生变更，并规定意向受让方在至少 36 个月的股份锁定期不转让受让股份，意向受让方的要求是能为上市公司引入有效的技术、市场及产业协同等战略资源，能协助上市公司提升产业竞争力，也需要拥有资源，可以推进 ZH 市产业升级后

的产业整合，具备为 ZH 市导入有效战略资源的能力。特别是，规定受让方必须具有保障 ZH 市地方政府相关利益的措施，如在成为上市公司股东期间承诺不提议或反对任何变更上市公司注册地的议案，并承诺要保持上市公司管理团队稳定。9 月 3 日，发布征集受让方进展公告，提交了受让申请材料的有两家意向受让方：ZHMJ 投资合伙企业（有限合伙，以下简称"ZHMJ"）以及 GWHD 股权投资（ZH）合伙企业与 GES 金融投资公司（Genesis Financial Investment company limited）组成的联合体。12 月 2 日，GL 集团与 ZHMJ 拟签署股份转让协议，将上市公司 902359632 股股份以 46.17 元/股的价格向 ZHMJ 转让，合计转让价款约 416.62 亿元。通过此次混合所有制改革，GL 电器引入了战略合作伙伴，最终达成了联合控制权（或无实际控制人）的状态。

2. GL 电器混改的内外部动因分析

GL 电器混改既有外部因素的影响，也有企业自身内部发展的需要，总结起来，主要有三个层面的动因：第一，国家政策层面的推动。GL 电气混改是 ZH 市贯彻中央和省委决策部署、落实《粤港澳大湾区发展规划纲要》的要求而进行的。作为 ZH 先进制造业龙头的 GL 电器，在 ZH 市新一轮发展中具有标杆作用，实施混合所有制改革，对于当时的时间节点来说，是推动 ZH 市再一次站在改革和发展的潮头，也是沿海经济带开拓思想，实现高质量经济发展的标志性事件。第二，ZH 市本地政府深化国有企业的改革要求。GL 电器混改是 ZH 市深化国有企业改革，推动地方国资委从"管企业"向"管资本"转变的重要举措，混改后，国资委将把有限的精力放在强化监管，防止国有资本流失上，通过放权，可以激发 GL 电器由企业家团队自主带领下的经营活力和内生动力，进而间接放大国有资本动能，达到做强做大国有资本的目的。对于地方发展来说，ZH 市国资委将通过引入优秀民营战略投资者，带动地方产业及经济发展。第三，GL 电器自身成长的内在需要。尽管 GL 电器是国内同行业的标杆企业，但该行业竞争非常激烈，GL 电器的发展也遇到了一定的瓶颈。经过多年的发展，以 D 女士为代表的企业家团队带领 GL 电器在十余年的时间里通过渠道创新、战略创新实现规模的壮大，但近年来随着行业竞争的加剧，消费者的需求更加个性化，GL 面临着产品的多元化转型和销售渠道进一步创新的挑战，此时强有力的资本支撑就显得尤为重要。尽管 GL 电器在混改前三年整体利润良好，收入和总资产稳步增长，但值得指出的是，GL 电器的增长已经有所放缓，主要体现在净利润增长放缓，净资产收益率由2017 年的 37.44% 下降到 2018 年的 33.36%[①]。

3. 混改的前期条件分析

（1）渐进的混合所有制改革赋予管理层话语权。GL 电器的混合所有制改革的起点可以追溯到自 1996 年上市后，通过从地方国有企业变为上市公司，GL 电器开始致力于公司治理结构的规范发展，无论是从内部管控还是外部战略制定，都逐步开始遵循市场化的发展要求。2005 年股权分置改革后，GL 集团对 GL 电器管理层实施了股权激励计划，在股改方案中，GL 电器管理层股权激励计划的股票是第一大股东 GL 集团从其所持有的国有股份中划出了 2639 万股份，并设计了基于业绩的股份再授予计划，为企业在建立稳定的、强有力的管理层团队奠定了激励基础。自 2006～2009年，GL 电器业绩不断攀升，管理层于 2006 年和 2007 年再次获得了 713 万股和 1069 万股的股权激励。在此期间，GL 集团也履行了引进战略投资者的承诺，通过将其持有公司股份中的 80541000 股转让给了河北 JH 担保投资有限公司（以下简称"河北 JH"），此时 GL 集团持股从 2006 年 40.84%降低为 2009 年的 19.45%。可以说，地方政府在对 GL 电器的放权方面一直保持着开放的态度，不断促进管理层团队的成长，赋予了管理层团队更多的话语权。通过直接管理和战略投资者间接的影响，GL 电器管理层逐步在公司中掌握话语权，管理层话语权的增强又进一步促进了企业的发展。2009～2019 年，企业家团队通过恰当的战略和渠道方面的创新使 GL 电器规模不断扩大，市值不断攀升。值得指出的是，尽管国有股东 GL 集团的持股比例降低了，但由于高水平企业家能力所实现的 GL 电器规模不

---

① 资料来源：GL 电器公开的年度报告。

断增加，利润不断攀升，国有资本仍然达到了做大做强的目的。管理层团队所掌握的话语权在推动本次混合所有制改革的过程中发挥了重要的作用。在 GL 电器公开征集受让方的要求中，一个核心的方案为应提出"维护管理层稳定的措施及未来与管理层合作的方案"，这意味着在各方博弈过程中，基于企业家能力的管理层团队话语权发挥了重要作用，保持现有管理层的稳定有益于 GL 电器顺利过渡，也有利于保证管理层利益。可以说，GL 电器的混改并非一日形成，是地方国资委的逐步放权与企业家能力展现相结合的结果，形成了一种以企业家为核心的全新治理模式。

（2）混改对象的选择体现管理层利益。在混改对象选择上，GL 电器既要考虑战略投资者的资本实力，也要充分考虑管理层的利益，确保在混改后一段较长时间内，管理层团队保持稳定。根据 GL 电器发布的公告，ZHMJ 最终成为 GL 电器的股权受让方。成立于 2017 年 5 月 11 日的 ZHMJ，经营范围为股权投资，该公司仅进行单一项目投资，没有其他经营活动，也没有其他对外投资。ZHXY 成立于 2018 年 2 月 27 日，为 ZHMJ 的执行事务合伙人。ZHXY 的经营范围为投资管理和股权投资。根据公告，ZHMJ 的普通合伙人和执行事务合伙人为 ZHXY 股权投资合伙企业（有限合伙）（以下简称"ZHXY"），根据 ZHMJ 合伙协议，ZHXY 享有对 ZHMJ 事务独占及排他的执行权。ZHXY 的普通合伙人和执行事务合伙人为 ZHYUX 投资管理有限公司（以下简称"ZHYUX"），根据 ZHXY 合伙协议，ZHXY 的最终决策机构是董事会，对 ZHMJ 和 ZHXY 的重大事项作出决策。根据正式签署的《股权转让协议》，GL 电器转让 9.02 亿 A 股流通股，以人民币 46.17 元/每股的价格进行转让，最终转让总金额为人民币约 416.62 亿元，占 GL 电器总股本的 15%。在股份转让协议签署前，管理层实体 GZ 投资与 ZHMJ 上层权益持有人 ZHW 股权投资管理有限公司（以下简称"W 资本"）、HH Mansion Holdings（HK）Limited、Pearl Brilliance Investment Limited 签署了合作协议，约定了如何稳定上市公司管理层，并且也做出了如何与管理层合作的具体方案。GZ 投资成立于 2019 年 9 月，由 D 女士等 GL 电器高管共同出资，D 是 GZ 投资的实控人，持股比例 95.2%，其余高管持股 4.8%。因此，在混改对象的选择上，GL 电器一方面充分考虑了战略投资者的资本实力，可以在产业资源获取方面获得支持，另一方面还考虑了管理层未来主导企业经营的稳定需要。

4.3.2　企业家能力与联合控制权安排

基于不完全契约理论，混合所有制改革过程中各方利益的分配和合理的控制权配置是契约成功执行的重要前提。在 GL 电器的混改谈判过程中，混改主体、混改对象和地方国资委三方均保证了各自利益的实现，三方最终实现了联合的控制权配置。具体表现为：第一，混改主体 GL 电器基于企业成长与产业发展的需要，引入了资本雄厚的战略投资者，并获得了保证管理层团队稳定的承诺；第二，混改对象 ZHMJ 预期能在现有管理层团队的经营下获得稳定的资本收益；第三，地方国资委在避免国有资本流失、放权改革和促进地方经济发展等方面探索出了可行的改革思路。本书认为，企业家能力所代表的企业业绩是保证管理层利益和联合控制权实现的重要条件。

1. 充分考虑管理层利益的谈判合作方案

在 GL 电器混改的谈判过程中，GL 电器长期所形成的以企业家能力体现的高层管理团队具有极强的话语权，主要体现在与混改对象权益的谈判上，谈判的核心是保障现有企业家团队的利益。围绕这一核心诉求，GL 电器在确认 ZHMJ 为最终受让方后，在签订《股份转让协议》之前，以 GL 电器管理层实体持股的 GZ 投资与 ZHMJ 权益持有人签署了《合作协议》。重要的合作方案主要体现在两个方面：（1）GL 电器管理层团队的物质利益得到了充分的保障。管理层实体通过受让 ZHYUX 的股权、受让 ZHXY 的有限合伙份额、认缴 ZHMJ 的有限合伙份额，分别在 ZHYUX、ZHXY、ZHMJ 享有相应的权益，ZHMJ 的基金管理报酬和收益分成的 41% 将由 GL 电器管理层及其投资实体 GZ 投资享有，而其中 8% 的部分将会以适当的方式分配给对 GL 电器要重要贡献的管理层成员和员工，混改后 ZHYUX 上层权益人持股比例结构如图 4-3 所示。

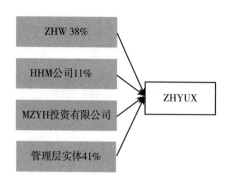

图 4 - 3   混改后 ZHYUX 上层权益人持股比例结构
资料来源：笔者根据公告、网络资料整理获得。

除此之外，ZHMJ 对 GZ 投资开放约 24 亿元人民币的投资份额，在交易完成交割后，各方还将推进 GL 电器层面给予管理层实体认可的管理层和骨干员工总额不超过4%的 GL 电器股份的股权激励计划，这意味 GL 电器管理层团队能在未来获得充足的物质激励。（2）管理层团队主导经营及重大事项的话语权得到了充分的保证。这主要体现在：第一，D 通过 GZ 投资参与 ZHYUX 并作为 ZHMJ 和 ZHXY 的有限合伙人而间接投资于上市公司，三者之间可能存在一致行动人的情形，尽管公告中称 D、GZ 投资与 ZHMJ、ZHXY、ZHYUX 在客观上不存在一致行动的协议或安排，也没有未来结成一致行动关系的具体计划，但在事实上，企业在未来的经营过程中或并购等重大事项发生时，具备可以结成一致行动人的条件，管理层团队的话语权可以得到充分的保障，进一步增强了对企业的实际控制。第二，保证 GL 电器核心经营团队的稳定，GL 电器治理结构不发生重大变化的承诺。ZHW、HHM 公司和 MZYH 投资有限公司和管理层实体中的每一方均向其他方承诺，未经其他各方事先书面同意，该一方均应确保其实际控制人不得变更，该承诺充分保障了现有的管理层团队在未来相当一段时期内将保持稳定。第三，人事任免计划充分授予企业家，保证 GL 电器业务独立，单一大股东不参与管理层的任免计划。ZHMJ 之所以最终同意一系列保障管理层团队稳定及权力的条款，根源在于对 GL 电器现有管理层经营能力的信任，认为能获得预期的收益。

2. 地方国资委放权与企业家能力提升的相互促进

混改前的十余年，ZH 市国资委通过逐步放权、股权激励计划和渐进的混合所有制改革促进了企业家的成长，管理层团队能力的增强使 GL 电器的经营业绩不断变好，并逐步建立了初步的现代化公司治理体系，可以说，GL 电器始终在尝试以企业家为核心的现代公司治理模式。这些条件为本次混改的成功创造了前提，并进一步促进了地方国资委的放权，职能角色定位从"管"向"服务"转变。因此在 GL 电器混改中，地方国资委的放权与企业家能力的提升是相互促进的。长期以来，混改中政府的定位一直是学术界和实务界讨论的热点话题，放得过多，容易导致国有资本流失，而不放，又无法充分激励内部管理层，阻碍企业的市场化发展进程。本次混改中 ZH 市国资委退出控股股东的角色，不谋求对企业的实际控制，并承诺保证 GL 电器的业务独立，政府的定位目标清晰，即从"管企业"立足于"管资本"，致力于提升地方产业发展，促进城市发展。在谈判承诺中，ZHMJ 承诺在直接或间接持有 GL 电器股份期间，不主动提出关于 GL 电器总部和注册地迁离 ZH 市的任何建议和议案，并积极促使各方遵循这一承诺，同时 ZHMJ 也承诺将为 ZH 市经济发展进行有效的产业投资和争取战略资源，并在未来一段较长时间内促使 GL 电器为地方经济健康发展作出贡献。可以看出，混改中政府角色定位在于通过核心企业家团队的长期培育间接促进混改的达成，也增强了政府做大做强国有企业的信心。

3. 混改后的联合控制权安排

本部分从混改后上市公司股权结构及董事会席位的安排两个方面分析混改后联合控制权安排的达成。

（1）股权结构安排。根据 GL 电器的公告，上市公司在股份转让完成后将变更为无控股股东和实际控制人，即实现了联合控制权配置的状态。判断企业是否实现联合控制的主要依据是看企业股东之间是否实现了股权制衡，从三个指标进行分析：首先，混改前后不存在实际表决权股份超过

30%的单一股东，也没有单一股东持有上市公司50%以上的股份。混改前，第一大股东GL集团的持股比例为18.22%，混改后，除香港中央结算有限公司①外的第一大股东持股比例为15%。因此，混改前后均不存在较大持股比例的投资者。其次，从第一大股东与第二大股东持股比例的差异进行对比。混改后，经过15%的股份转让后，GL集团的持股比例从18.22%降低至3.22%，而ZHMJ作为受让方，持股15%，变为单一第一大股东。混改前，单一第一大股东GL集团与第二大股东河北JH的差异为9.31%（18.22%-8.91%），混改后，单一大股东ZHMJ与河北JH的差异为6.09%（15%-8.91%），说明股权制衡度在显著增加。最后，可以从除单一第一大股东之外的五大股东合计持股比例进行分析。混改前，河北JH、中国证券金融股份有限公司（以下简称"中国证券"）、前海人寿保险股份有限公司、中央汇金资产管理股份有限公司（以下简称"中央汇金"）和中国人寿保险股份有限公司（传统—普通保险产品）这五大股东的持股比例之和为16.18%，小于第一大股东GL集团的持股比例18.22%。混改后，河北JH、GL集团、中国证券、中央汇金与前海人寿合计持股比例为17.61%，大于第一大股东ZHMJ的持股比例15%，表明这五大股东所代表的股权制衡度也明显在增加。可以说明GL电器真正实现了联合控制权配置。表4-1列出了混改前后前十名股东持股情况。表4-2列出了混改前后的股权制衡变化。

表4-1　　　　　　　　　混改前后前十大股东持股比例

混改前	持股比例（%）	混改后	持股比例（%）
ZHGL集团有限公司	18.22	香港中央结算有限公司	15.27
河北JH担保投资有限公司	8.91	ZHMJ投资合伙企业（有限合伙）	15.00
香港中央结算有限公司	8.17	河北JH担保投资有限公司	8.91

① 香港中央结算有限公司是港交所全资附属公司，经营香港的中央结算及交收系统，集中存放投资者的股份。作为境外独立投资者，该公司投资于内地的一些上市公司，不对企业经营活动有任何干预，因此在分析企业的股权制衡度时，可以不考虑该公司产生的影响。

混改前	持股比例 （%）	混改后	持股比例 （%）
中国证券金融股份有限公司	2.99	ZHGL 集团有限公司	3.22
前海人寿保险股份有限公司	1.92	中国证券金融股份有限公司	2.99
中央汇金资产管理有限责任公司	1.40	中央汇金资产管理有限责任公司	1.40
中国人寿保险股份有限公司 - 传统 - 普通保险产品	0.96	前海人寿保险股份有限公司— 海利年	1.09
中国人寿保险股份有限公司 - 分红 - 个人分红	0.95	D	0.74
D	0.74	W 资本管理有限公司	0.72
W 资本管理有限公司	0.72	中国人寿保险股份有限公司— 传统—普通保险产品	0.68

注：该数据根据 2018 年年报与 2020 年季报整理。2019 年年报未完全披露混改股份变动结果，因此此处采用 2020 年季报的数据来对股东变动情况进行分析。

表 4 - 2　　　　　　　　　　　股权制衡变化

	混改前	混改后
持股比例超过 30% 的投资者	无	无
单一第一大股东持股与第二大股东持股比例差异（%）	9.31	6.09
单一第一大股东与除第一大股东外的前五大股东持股比例差异（%）	2.04	- 2.61

注：该表中单一第一大股东为除香港中央结算有限公司之外的第一大股东。

（2）董事会选任的各方权力均衡。混改对象 ZHMJ 的普通合伙人和执行事务合伙人为 ZHXY，ZHXY 的普通合伙人和执行事务合伙人为 ZHYUX，ZHYUX 为中外合资经营企业，其董事会为该公司的最高权力机构。根据 ZHMJ、ZHXY 的合伙协议及 ZHYUX 的公司章程、董事构成，ZHMJ 无实际控制人。ZHYUX 的董事会由 3 名成员组成，其中 ZHW 和 HH Mansion 有权共同委派 1 名董事、Pearl Brilliance 有权委派 1 名董事、管理层实体有权委派 1 名董事。一方面，除在 ZHYUX 公司章程和 ZHXY 有限合伙协议中明确规定的需要 ZHYUX 董事会三名董事一致通过的事项外，ZHYUX 董事会的决议在任何时候由 2/3 以上（含本数）的成员投赞成票审议通过。如果 ZHMJ 有权提名 3 名以上（含 3 名）董事候选人的，则 ZHMJ 应题名 3

名董事候选人，其中应包括 1 名由 ZHW 提议的董事候选人，1 名由 Pearl Brilliance 提议的董事候选人，1 名由管理层实体提议的董事候选人，且应保持其中的至少 2 名董事候选人为管理层实体认可的人士，这一关键约定条款赋予了管理层实体在任免董事会人选方面一定的权力。但另一方面，上市公司董事会共有 9 名董事，即使 ZHMJ 有权提名 3 名董事，也无法达到 GL 电器董事会人数的 1/2 以上。加上上市公司的任一股东无法决定上市公司董事会半数以上成员人选的规定，实际没有股东或投资人能够控制上市公司董事会。

因此，根据混改后 GL 电器的股权结构及董事会席位安排可以看出，尽管管理层实体获得了独立经营业务的权力和适当的董事会题名权力，但依然无法全面影响董事人选的选任，可以说在交易后，GL 电器实现了联合控制权。

4.3.3　GL 混改的进一步讨论

尽管 GL 电器混改从股权安排等方面为其他混改中的国有企业提供了有益的借鉴经验，但值得指出的是，这种混改模式的成功仍是阶段性的，其长期绩效表现仍需要持续的观察。下面，本部分结合不完全契约理论，对混改后的 GL 电器如何进一步完善现代公司治理体系及未来其他企业如何有效进行混改进行探讨。

1. 混改中联合控制权安排的实现条件

根据案例分析可以发现，企业家能力反映在了混改前良好的企业业绩，混改谈判过程中的管理层利益争取及混改后的经营成效。基于不完全契约理论框架，在管理者具有有限责任的前提下，联合控制权在一定条件下可以实现社会总福利最优，并可以显著激励管理者进行创新性的活动。在混改前的十余年间，GL 电器的创新活动始终离不开优秀企业家的主导，在 GL 管理层团队的带领下，GL 电器在竞争异常激烈的家电市场中连续多年保持稳步健康发展，取得了良好的经济效益。只有企业家能力足够强，能带领企业实现好的业绩，政府才可能逐步"放权"，这是联合控制权安排实现的前提条件。另外，引入的民营资本作为战略投资者，应与企业有高度的匹配度，对管理层的经营能力有认同感和信任，不谋求对企业的控制，不参与企业的具体经营，认可上市公司所从事主营业务的持续稳定发展和长期投资价值，重在通过用资本实现收益，协助上市公司提升产业竞争力，进一步提升企业的盈利能力，才能与地方政府、管理层达成实质性的合作。ZHMJ 的选择契合企业发展需要，承诺不会通过任何直接或间接方式将其持有的 ZHMJ 份额或 ZHMJ 持有的上市公司股票转让给主营业务与上市公司的主营业务存在竞争的主体，充分表明了与企业形成协同效应的决心，进一步促进了联合控制权配置的实现。

2. 以企业家团队而不是以个人为核心构建现代公司治理体系

2020 年 5 月，中共中央、国务院公布《关于新时代加快完善社会主义市场经济体制的意见》中第二条意见强调了"对处于充分竞争领域的国家出资企业和国有资本运营公司出资企业，应强化国有资本收益功能，并加快完善国有企业法人治理结构和市场化经营机制，健全经理层任期制和契约化管理，完善中国特色现代企业制度"[①]。GL 电器混改的阶段性成功为全面开启混合所有制企业现代公司治理体系建设奠定了良好的基础，在新的治理架构下，GL 电器解决了长期以来地方国资委与管理层之间的控制权制衡所导致的代理问题，也解决了国有资本和非国有资本的利益分配问题。但基于不完全契约理论，在企业中，由于拥有控制权的一方会攫取控制权私有利益，导致在契约的执行中某一方可能出现机会主义行为，国有资本和非国有资本合作效率仍面临着不确定性。尽管 GL 电器从表面架构上来讲已经处于联合控制权配置的状态，但由于企业的实际运营权掌握在管理层团队的手中，因此其治理体系充分体现了以企业家为核心的实际治理安排，这种治理安排能够长期有效地运行的关键在于企业家能力的持续

---

① 中共中央 国务院关于新时代加快完善社会主义市场经济体制的意见［EB/OL］. 人民网，2020 - 05 - 18.

展现，即企业家始终能够根据外部环境的变化进行正确的战略转型，始终能够带领企业创造良好的业绩。但在当前外部竞争压力日益增加的不完全契约环境下，过去以典型企业家能力为代表的管理层团队是否能够持续地在较长一段时期保持现有的状态仍充满着不确定性。因此，构建可持续的企业家团队而不是以个人为核心构建现代公司治理体系，持续提升企业业绩才能使不完全契约环境下联合控制权配置发挥最大效率。

3. 控制权配置理论与"一企一策"改革模式

如前文所述，以企业间合作为研究对象的不完全契约理论认为，有效的控制权配置可以提升合作效率，即将控制权配置给投资重要的一方。以往有关我国公私合作的理论研究探讨的重点是控制权分配的决定因素，即在何种条件下，控制权配置给哪一方可以达到最优状态。而本部分探讨的是在不完全契约理论的框架下，如何实现企业的联合控制权，企业家能力在实现联合控制权配置中所起到的重要作用，即在传统的控制权配置理论分析框架中引入企业家能力这一参数，并通过现实中的案例说明了可以通过建立现代的企业管理制度，实现让政府管"资本"，企业家团队管"企业"，达到各方利益与优势的最佳配置，这是本部分对控制权配置理论的主要贡献。但值得指出的是，GL 电器本次混改，地方国资委退出了大股东的位置，大胆尝试政府职能定位的转变，转而谋求一定的收益权，并致力于让企业为地方产业发展作出贡献。但这种尝试并非一时之策，而是基于 GL 电器过去良好的业绩表现和对管理层团队做强做大企业的信心，扫除了政府职能全面转变的顾虑。但这种放权式的混合所有制改革不一定适用于所有企业，对于企业家经营能力强的企业，可以参考 GL 电器的改革模式，但对于经营业绩欠佳和不具备现代公司治理体系的企业，应先集中于解决业绩和内部治理问题，等业绩良好运行稳定后政府再适度"放权"，进一步推行深层次的改革，不对具体企业的改革时间点做严格设定，真正推行成熟一个推动一个的"一企一策"改革模式，充分实现控制权配置理论所倡导的依据不同状态所进行的 0~1 配置、相机配置或联合控制。

本部分从不完全契约理论角度出发，结合国有企业混合所有制改革实践，对 GL 电器的混改案例进行了分析。GL 集团通过直接转让国有股权的方式，并通过参与方利益的谈判，实现了联合控制权配置，解决了长期困扰混改过程中政府、民营资本和管理层三者之间的权力定位和利益分配的痛点问题，是当前时期国有企业混合所有制改革的重要案例。

4.3.4　小结

本部分的主要结论有以下几点。

（1）不完全契约环境下，联合控制权配置是混合所有制改革中利益主体可以借鉴和采取的现实选择。GL 电器混改的典型案例说明了，地方政府、管理层团队和民营战略投资者可以通过联合控制权配置实现混合所有制改革，在该改革过程中，地方政府退出管企业，让位于企业管理层团队进行全面管理，良好的企业业绩有助于国有资产保值增值。

（2）GL 电器混改成功源于独特的内在动力模式，该模式主要体现为"政府适度放权和股权激励——企业家动力增强、能力提升获得良好业绩——良好业绩激发了政府进一步放权"。案例分析发现，GL 电器的混改并非一蹴而就，在股权分置改革之时，ZH 市国资委所代表的国有大股东就逐步"放权"，大胆尝试政府职能定位的转变，着力通过股权激励计划的实施促进企业家团队的成长，企业家的成长反哺企业发展，实现了"国民共进"，这成为此次地方国资委出让控制权的前提，也是管理层团队在混改中争取话语权的砝码。在混改过程中，通过分析考虑管理层团队利益的股权结构设计方案和董事会选任的各方权力均衡，发现企业家能力是进一步促进联合控制权配置实现的重要条件。这一模式说明了以企业家能力所代表的业绩是混改各方利益分配和联合控制权实现的基础，也意味着如果国有企业没有良好的业绩，地方政府也并不会有更多的意愿进一步放权。该结论触及了国有企业改革过程中的痛点：即地方政府并非不愿意放权，而在于未形成放权与企业良好业绩相互促进的模式。

（3）混改后企业的可持续发展依赖于优秀企业家团队为核心的现代公司治理体系，使不完全契约环境下联合控制权配置发挥最大效率。本部分研究结论表明，企业家的战略领导能力是实现混改成功的重要条件，也是实现企业竞争力、企业不断进行创新的重要保证，GL电器在未来的一段时期内，应致力于内部制度建设，逐步打造有利于企业可持续发展的企业家团队，降低过度依赖个人的企业家团队体系。企业家能力不仅应体现在狭义的某一个人身上，而应该由内部制度保证不断输入新鲜血液和可持续发展的企业家团队来展现，这样才能真正实现以企业家团队为核心的治理模式，使管理层团队与企业利益能够长期保持高度一致。这样，在企业发展的不完全契约环境中，联合控制权配置才能发挥最大效率。

　　总而言之，在加快完善中国特色社会主义市场经济体制的过程中，如何实现以公有制为主体，多种所有制经济共同发展，充分发挥非公有制经济的重要作用，仍是我国当前亟待解决的重点和难点问题。GL电器的案例说明，ZH市国资委退出大股东地位，与战略投资者、企业家共谋企业改革发展，其职能定位的转变也推动了地方经济与产业发展，这也为其他正在混改或打算混改国有企业所在的地方政府提供了有益借鉴。需要指出的是，GL电器的混改模式并不一定适用于所有的国有企业，也不能证明联合控制权配置方式适用于所有的混改企业。无论是国有控制、非国有控制还是联合控制，混改后均需实现"依法治企"，既要消除社会上部分民营资本想靠混改"捞一把"的心态，也要消除另一部分民营资本担忧资产被"国有资本吞并"的误区，成功的混合所有制改革一定是多赢的、可持续的。地方国资委应根据中央政策，结合本地实际、国有企业发展阶段、国有经营业绩情况及企业家能力等情况制定适合本地的国有企业混改策略，选择切实可行的控制权配置方式，推行"一企一策"的改革模式，只有这样，才能使混合所有制改革真正落到实处。

第 5 章

并购退出混合所有制的理论与案例分析

在一个不完全契约环境中，会同时存在不对称信息和不完全信息两种不足。在此情形下，如果没有设置退出机制，国有资本和非国有资本都将面临投资风险，企业在利益分配、控制权等方面出现争端后容易陷入僵局，降低合作效率。倘若允许非国有资本合理退出混合所有制企业，依据法律和公司章程建立系统规范的股权退出机制，规范股权退出时机的选择，灵活采用异质股东回购、减资退出、股权转让等多元化股权退出方式，将有助于强化协商意识、增强契约精神、依法推进履约和保障各方权益，也有助于鼓励非国有资本积极参与国有企业改革，从而实现国有资产保值增值的目标。因此，基于不完全契约视角研究非国有资本的退出机制非常重要，这不仅对不完全契约理论在现实中的运用具有理论意义，还能为下一步混合所有制改革提供方向。在本部分中，我们对并购退出混合所有制进行案例研究。

我国现有的退出机制研究大多集中于从法律领域对退出路径的合法性进行探讨，在经济领域研究退出机制激励作用较少，例如，王甲国（2019）以一起参与国有企业混改的 PE 回购退出案例为切入点深入研究了国资监管问题。西方学者对退出机制的探讨虽然基于不完全契约理论，但往往只针对不完全信息或不对称信息单独存在时对契约实施结果的影响。

马斯克森（Maskin，1999）、莫若和瑞普洛（Moore & Repullo，1988）研究了契约可以在多大程度上克服由信息不可验证引起的问题。而梅耶森（Myerson，1979）分析了不对称信息条件下契约可实现的结果集，将显示原理（revelation principle）作为参与者掌握私人信息时进行博弈设计的重要工具，认为可以重新用一个激励相容的直接机制表示任何贝叶斯博弈的所有纳什均衡。然而以上研究均未考虑不完全信息和不对称信息结合时如何影响契约，并不完全符合我国混合所有制改革的实际情况。在前人研究的基础上，贝斯特和卡让哈默（Bester & Krähmer，2012）初创性地分析了同时存在不对称信息和不完全信息两种契约缺陷的双边并购契约：卖方做出质量无法验证且能被买方观察到的选择，而买方的估价为私人信息。研究发现，有效率的契约必须为买方提供某种退出选择，使其在观察到卖方低质量选择后拒绝交易，构造退出选择能够放宽对契约双方的激励约束，起到阻止双方偏离均衡路径的作用。该模型设置可近似看作一个敲竹杠问题，卖方的质量选择对应事前关系专用性投资，文章假设卖方事前投资行为可观察，继而通过双方发出的信息引发买方退出，此时双方可以承诺不重新谈判预先规定的交易条件。回溯上述理论研究成果，我们想进一步探讨，退出机制是否对混合所有制参与者起理论上的有效激励作用？其背后的作用机理是什么？在实际发生的混合所有制改革案例中，退出机制究竟发挥怎样的作用？

本部分研究参考贝斯特和卡让哈默（Bester & Krähmer，2012）的不完全契约退出机制模型，代入我国混合所有制改革现实情境中，构建基于不完全契约的混合所有制投资主体退出机制，从理论上研究退出机制的影响及对两种资本的激励作用，模型主要结论为：第一，当非国有资本如实公布其投资水平，国有资本为所有非国有资本投资水平选择最优投入水平时，契约能够实现最优结果；第二，在信息不对称和信息不完全的条件下，允许非国有资本在国有资本降低投入水平的情况下退出交易，能够同时激励这两种资本，不仅使不同投资水平的非国有资本退出效用不同，还可以阻止国有资本降低投入水平。

在理论分析完成之后，本书选取 HY 投资参与 CT 控股混改的典型退出案例，分析退出前后股权结构变动及企业绩效变动情况，基于不完全契约探究 HY 投资的退出成因，案例分析结论为：第一，退出机制对双方有激励约束作用，不仅使非国有资本如实公布投资水平，还阻止国有资本降低投入水平；第二，2016 年以前双方合作顺利，未偏离均衡路径，2016 年后 CT 控股偏离均衡路径，业绩大幅下滑触发 HY 投资退出；第三，设置退出机制具有现实重要意义，应当从经济学角度允许合理退出，从法律学角度保障有序退出。

5.1　基于不完全契约理论的模型情景设定

在贝斯特和卡让哈默（Bester & Krähmer，2012）的模型基础上，我们假设在混合所有制的构建过程中非国有资本以并购方式参与混合所有制改革（卡诗媛，2020），用 B 代表非国有资本，用 S 代表国有资本，双方都是风险中性的。交易时序如图 5 - 1 所示。

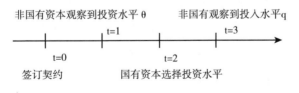

图 5 - 1　交易时序

在 t = 0 阶段，双方就并购事项制定交易条款并签订契约，该契约在未来的 t = 3 阶段发生。

在 t = 1 阶段，非国有资本观察到其投资水平 θ，投资水平代表非国有资本投资积极性，不仅包括资金、不动产、设备等物质投入，还有员工培训、发展战略、科学技术、生产经验、公司治理机制等有益于国有资本发展的非物质投入，非国有资本投资水平 θ 从有限集 $\Theta = \{\theta_1, \cdots, \theta_i, \cdots, \theta_i\} \subset R$ 中得出，其中 $\theta_i < \theta_i + 1$，$\gamma(\theta) > 0$ 是实现 θ 的概率。

在 t = 2 阶段，国有资本选择投入水平 q，投入水平代表国有资本不隧道挖掘非国有资本利益的可置信承诺和对企业生产经营的努力程度，满足

$q \geq 0$。

在 $t = 3$ 阶段，非国有资本观察到国有资本的投入水平，选择是否退出交易。

交易条款规定了交易概率 x 及转移付款 p_B、p_S，其中 p_B 表示非国有资本付款，p_S 表示国有资本收到的付款。假设 $p_S \leq p_B$，也就是说，排除当事方获得外部资金的可能性，但允许他们将资金转移给第三方。非国有资本对国有资本投入水平 q 的估价取决于其投资水平 θ，由 $v(q, \theta)$ 给出。国有资本选择投入水平 q 的成本为 $c(q)$。在给定转移付款 p_B、p_S 的情况下，非国有资本以概率 x 交易 q 时的非国有资本效用为 $v(q, \theta)x - p_B$，国有资本的利润为 $p_S - c(q)$。我们可对 $v(\cdot)$ 和 $c(\cdot)$ 作以下假设：

$$v(0, \theta) = 0, v_q(q, \theta) > 0, v_{qq}(q, \theta) \leq 0 \qquad (5-1)$$

$$v(q, \theta) < v(q, \theta'), v_q(q, \theta) < v_q(q, \theta') \text{ 对于一切 } \theta < \theta' \text{ 成立} \quad (5-2)$$

$$c(0) = 0, c'(q) > 0, c''(q) > 0 \qquad (5-3)$$

为了避免角点解，假设 $v_q(0, \theta) > c'(0)$ 和 $v_q(\bar{q}, \theta) < c'(\bar{q})$ 在 $\bar{q}$ 足够大和 $\theta \in \Theta$ 的条件下成立。我们的假设可确保 $\tilde{q}$ 对于任何 $\theta \in \Theta$ 都是使联合盈余最大化的最优投入水平，且 $\tilde{q}(\theta) \equiv \arg\max_{q \geq 0} v(q, \theta) - c(q)$ 唯一存在。同时，在式（5-2）的最后一个条件下，$\tilde{q}(\cdot)$ 随着 θ 严格递增。如果不考虑交易概率 x 及转移付款 p_B、p_S，双方能够根据非国有资本投资水平 θ 以契约的方式规定国有资本投入水平为 $\tilde{q}(\theta)$，国有资本总是选择最优投入水平将使 $t = 0$ 阶段的事前预期总盈余最大化。

5.1.1　基于不完全契约的模型假设

契约环境同时存在不可验证信息和不对称信息两个潜在缺陷时，国有资本投入水平不可验证且公开，而非国有资本投资水平为私人信息。此时，我们考虑最一般情形下的契约：无论交易是否发生，无论非国有资本是否向国有资本付款，交易条款取决于非国有资本在观察其投资水平后发出的信息以及选择投入水平后双方发出的信息。最优契约要求双方在观察到新信息的每个阶段之后报告信息，我们规定交易条件为双方观察到新信息时所报告的可验证信息的函数。契约指定一组可验证信息为 M，要求非国有资本在 t = 1 阶段观察到其投资水平后选择一个 m ∈ M。契约还指定可验证信息集 Z_S 和 Z_B，在 t = 2 阶段国有资本选择投入水平后，要求双方在 t = 3 阶段同时选择信息 $z_S ∈ Z_S$ 和 $z_B ∈ Z_B$ 并交换。在 t = 3 阶段发生的信息交换可以被描述为静态博弈，也可视为涉及多个沟通阶段的动态博弈。

设 $Z = Z_S × Z_B$。契约 (M, Z, x, p_S, p_B) 由信息集 M 和 Z，或有交易概率 $x : M × Z → [0, 1]$，或有转移付款 $p_S : M × Z → R$ 和 $p_B : M × Z → R$ 组成。其中，p_S 是国有资本收到的付款，p_B 是非国有资本付款，不限制 p_S 和 p_B 为非负，即不排除国有资本付款或非国有资本收到付款的可能性。与模型基本假设一致，我们考虑当事方向第三方付款的可能性，但排除获得外部资金的渠道，即所有 $(m, z) ∈ M × Z$ 满足：

$$p_S(m, z) ⩽ p_B(m, z) \qquad (5-4)$$

如果这种不等式不适用某些 (m, z)，则契约涉及向第三方付款；如果等式适用于所有 (m, z)，则契约预算平衡。牵涉到三方的契约很难执行，还会引起两个代理人合谋对付第三方的问题，存在诸多争议。

契约诱导双方之间的不完全信息博弈，当非国有资本在 t = 1 阶段报告 m 且在 t = 3 阶段报告 $z = (z_S, z_B)$ 时，交易发生的概率为 $x(m, z)$，国有资本收到 $p_S(m, z)$，非国有资本支付 $p_B(m, z)$，非国有资本和国有资本的预期收益定义为：

$$U(m, q, z | θ) = v(q, θ) x(m, z) - p_B(m, z), \Pi(m, q, z) = p_S(m, z) - c(q) \qquad (5-5)$$

我们用 $r(θ) ∈ M$ 表示 t = 1 阶段投资水平为 θ 的非国有资本策略，在收到信息 M 后，国有资本更新其对非国有资本投资水平的信任度，我们用 $μ(T, m)$ 来表示这些信任度。观察到非国有资本发出的信息 m 时，国有资本认为非国有资本的真实投资水平在集合 $T ⊆ Θ$ 中，出现概率为 $μ(T, m)$，会选择 $q(m)$ 来最大化预期收益。双方分别选择 m 和 q 之后，在 t = 3 阶段继续博弈，国有资本将保持信任度 $μ(·, q)$ 参与博弈 $\Gamma(m, q)$，国有资本

的策略由函数 $\zeta_S(m,q)$ 给出，该函数在 Z_S 中为每条路径 (m,q) 指定一条信息，非国有资本的策略函数为 $\zeta_B(\theta,m,q)$，该函数在 Z_B 中为每种 θ 和每条路径 (m,q) 指定一条信息。

5.1.2　可实现最优结果的契约限制条件

国有资本与非国有资本在 $t=3$ 阶段的信息博弈 $\Gamma(m,q)$ 存在多重均衡。如果非国有资本隐瞒其真实投资水平，国有资本将偏离最优投入水平，此时 $t=3$ 阶段的信息博弈实际上有多重均衡，尽管其中一些均衡可能实现期望的结果，但当国有资本与非国有资本为维护自身利益故意说谎或隐瞒真实情况时，其他均衡可能导致意外的不可信结果。为了解决这个问题，我们采用强力实现概念，它要求信息博弈的所有均衡都可以产生相同的交易结果，也就是说，对于任何国有资本偏离均衡路径之后开始的信息博弈 $\Gamma(m,q')$，我们要求这个博弈的所有均衡都有相同的结果，确保国有资本投入水平选择不受意外的不可信的均衡选择影响。

我们通过对契约 (M,Z,p,x) 施加诱导条件来限制可被接受的契约集，使得所有均衡的结果相同。如果 $(r,\mu,q,\zeta_S,\zeta_B)$ 和 $(r,\mu,q,\widehat{\zeta}_S,\widehat{\zeta}_B)$ 是完美贝叶斯均衡，那么对于所有 $q'<q(m)$ 则有：

$$x(m,\zeta_S(m,q'),\zeta_B(\theta,m,q'))=x(m,\widehat{\zeta}_S(m,q'),\widehat{\zeta}_B(\theta,m,q'))$$

$$(5-6)$$

$$p_S(m,\zeta_S(m,q'),\zeta_B(\theta,m,q'))=p_S(m,\widehat{\zeta}_S(m,q'),\widehat{\zeta}_B(\theta,m,q'))$$

$$(5-7)$$

$$p_B(m,\zeta_S(m,q'),\zeta_B(\theta,m,q'))=p_B(m,\widehat{\zeta}_S(m,q'),\widehat{\zeta}_B(\theta,m,q'))$$

$$(5-8)$$

对于 $m=\gamma(\theta)$ 成立。

如果在 $t=1$ 阶段，投资水平为 θ 的非国有资本 $m\in M$，而在 $t=2$ 阶段，国有资本从均衡投入水平 $q(m)$ 偏离到更小的 q'，施加如上所述的诱导条件意味着交易概率 x 和支付 p_S、p_B 由 $t=3$ 阶段的后续信息博弈结果唯一确定，即使该博弈具有多个均衡。如此一来，后续信息博弈中存在一个完美贝叶斯均衡，使得在均衡路径上国有资本为所有非国有资本投资水平选择最优投入水平，交易以概率 1 发生，没有第三方支付，契约实现最优。

由于每种非国有资本投资水平对应的国有资本最优投入水平不同，因此最优实施需要 t = 1 阶段非国有资本书的信息 m 可以真实地向国有资本显示非国有资本投资水平 θ，遵循显示原则的论点，即如果最优结果可以通过某种契约来实施，那么它通过直接说真话来实现，此时信息空间 M 与类型空间 Θ 相一致：

$$m = \gamma(\theta) = \theta \text{ 对于所有 } \theta \in \Theta \text{ 成立} \tag{5-9}$$

式（5-9）意味着对于所有 $\theta \in \Theta$，国有资本在均衡时的信任度为 $\mu(\theta,\theta) = 1$。

此外，最优实施要求国有资本在收到信息 $m = r(\theta) = \theta$ 后选择最优投资水平，即：

$$q(r(\theta)) = \tilde{q}(\theta) \text{ 对于所有 } \theta \in \Theta \text{ 成立} \tag{5-10}$$

在均衡路径上，交易发生的概率为 1，没有第三方支付，即对于所有 $\theta \in \Theta$：

$$x(\theta,\zeta_S(\theta,\tilde{q}(\theta)),\zeta_B(\theta,\tilde{q}(\theta))) = 1 \tag{5-11}$$

$$p_S(\theta,\zeta_S(\theta,\tilde{q}(\theta)),\zeta_B(\theta,\tilde{q}(\theta))) = p_B(\theta,\zeta_S(\theta,\tilde{q}(\theta)),\zeta_B(\theta,\tilde{q}(\theta)))$$
$$\tag{5-12}$$

综上所述，满足条件式（5-6）~式（5-12）条件限制的动态信息博弈存在一个完美贝叶斯均衡（r，μ，q，ζ_S，ζ_B）。

5.2　不同契约情景下国有资本与非国有资本的动态博弈

5.2.1　确定性契约下的最优实施

当契约为交易概率被限制为 0 或 1 的确定性契约 x：M × Z→{0,1} 时，如果最优实施方案是可行的，那么在 $t=1$ 阶段非国有资本如实披露 θ，在 $t=2$ 阶段国有资本选择最优投入水平 $\tilde{q}(\theta)$，在 $t=3$ 阶段信息博弈的结果决定交易是否发生。

我们设 $t=3$ 阶段均衡路径诱导的交易概率和支付分别为：

$$\zeta_S^*(\theta) \equiv \zeta_S^*(\theta, \tilde{q}(\theta)), \zeta_B^*(\theta) \equiv \zeta_B^*(\theta, \tilde{q}(\theta)) \qquad (5-13)$$

$$x^*(\theta) \equiv x^*(\theta, \zeta_S(\theta), \zeta_B(\theta)), p_S^*(\theta) \equiv p_B^*(\theta) \equiv p_S(\theta, \zeta_S^*(\theta), \zeta_B^*(\theta))$$

$$(5-14)$$

那么对于所有 $\theta \in \Theta$ 和所有 $\varphi \in (0, \tilde{q}(\theta)]$，存在一个信息 $z_B^E \in Z_B$ 满足 $x(\theta, \zeta_S^*(\theta), z_B^E)=0$，使得：

$$v(\tilde{q}(\theta)-\varphi, \theta)-p_B^*(\theta) < -p_B(\theta, \zeta_S^*(\theta), z_B^E) \qquad (5-15)$$

$$\leqslant v(\tilde{q}(\theta), \theta)-p_B^*(\theta) \qquad (5-16)$$

不等式（5-15）表示，国有资本选择偏离最优投入水平时，存在一个退出信息 z_B^E 导致非国有资本不交易，此时投资水平为 θ 的非国有资本宁愿选择退出信息而非接受投入水平为 $\tilde{q}(\theta)-\varphi$ 的交易。退出信息给非国有资本提供了威胁国有资本的手段，从某种程度上能够阻止国有资本事后降低投入水平。

不等式（5-16）表示，当国有资本投入水平为 $\tilde{q}(\theta)$ 而不是非国有资本在 $t=3$ 阶段选择退出信息 z_B^E 时，低投资水平的非国有资本比高投资水平的非国有资本更占优势。

不等式（5-15）和式（5-16）意味着投资水平 θ 与选择交易或退出信息 z_B^E 无关。此外，观察到不等式（5-15）与非国有资本的真实投资水平无关，仅取决于其披露信息，因此，任何投资水平为 θ' 的非国有资本（$\theta' \neq \theta$）都可以通过在 $t=1$ 阶段提交信息 θ，然后在 $t=3$ 阶段提交适当的退出信息 z_B^E，确保自己几乎与投资水平为 θ 的非国有资本均衡效用相同。然而，这与非国有资本的沟通激励约束不一致，激励约束要求投资水平为 θ 的非国有资本（$\theta' < \theta$）在最优实施条件下必须得到比投资水平为 θ' 的非国有资本更大的效用。

综上所述，确定性契约无法实现最优结果。

5.2.2　随机化契约下的最优实施

我们现在来讨论双方可以进行随机交易 $x: M \times Z \to [0,1]$ 时的情形。

随机化契约是优于确定性契约的，它允许双方通过偏离均衡路径的非确定性交易来创造激励。已知确定性契约无法实现最优结果，最优实施要求交易发生在均衡路径上的概率为1，退出信息会导致交易概率为0，使得非国有资本效用与非国有资本投资水平无关，不满足非国有资本激励约束。倘若考虑随机化契约，上述情况就会改变，我们可以通过设计一个退出信息，以正概率诱导交易，使不同投资水平的非国有资本退出效用不同，这个退出信息能够有效地放松激励相容约束，同时实现分类非国有资本投资水平和阻止国有资本降低投入水平的双重目标。

为了构建最优实施机制，本书分两步进行分析：首先，考虑一个具有随机退出选择的简单契约，证明满足非国有资本激励约束的最优实施契约存在；其次，扩展简单契约，为国有资本提供激励约束，分别讨论是否向第三方付款的情况。

首先，本书只关注非国有资本激励约束，忽略国有资本激励约束。考虑一个具有随机退出选择的简单契约，交易概率 $x^E(\theta) \in [0,1)$，非国有资本支付 $p_B^E(\theta)$，非国有资本在 $t=1$ 阶段公布其投资水平 $m = \theta \in \Theta$，其次，在 $t=3$ 阶段公布是否同意以价格 $p_B(\theta)$ 交易观察到的国有资本投入水平或选择退出，国有资本在 $t=3$ 阶段没有信息。下面列出满足非国有资本激励约束的最优实施条件，以使非国有资本在 $t=1$ 阶段如实公布其投资水平，在 $t=3$ 阶段国有资本选择最优投入水平时进行交易，在国有资本选择低于最优投入水平时退出。

在 $t=3$ 阶段，国有资本选择最优投入水平——非国有资本进行交易，否则选择退出，则有：

$$v(\tilde{q}(\theta), \theta) - p_B(\theta) \geqslant v(\tilde{q}(\theta), \theta) x^E(\theta) - p_B^E(\theta) \quad \text{对所有 } \theta \text{ 成立}$$

$$(5-17)$$

$$v(q,\theta)x^E(\theta) - p_B^E(\theta) > v(q,\theta) - p_B(\theta) \text{ 对所有 } q < \tilde{q}(\theta) \text{ 成立},$$

$$(5-18)$$

在 $t=1$ 阶段，非国有资本如实公布其类型，即不得通过错误陈述其投资水平在 $t=3$ 阶段交易或退出时获利，则对于所有的 $\theta' \neq \theta$，有：

$$v(\tilde{q}(\theta),\theta) - p_B(\theta) \geqslant \max[v(\tilde{q}(\theta'),\theta) - p_B(\theta'),$$
$$v(\tilde{q}(\theta'),\theta)x^E(\theta') - p_B^E(\theta')] \qquad (5-19)$$

条件式（5-17）、式（5-18）将 $p_B^E(\theta)$ 作为 $x^E(\theta)$ 和 $p_B(\theta)$ 的函数，假设对于所有 θ，有：

$$p_B^E(\theta) < p_B(\theta) \qquad (5-20)$$

通过选择 $x^E(\theta)$ 和 $p_B(\theta)$ 可使式（5-19）成立，定义：

$$p_B(\theta) \equiv c(\tilde{q}(\theta)) + k, k \text{ 为任意常数} \qquad (5-21)$$

接着扩展简单契约，为国有资本的有限承诺提供激励约束。

若向第三方付款，如果非国有资本退出时向国有资本支付的款项 p_S^E 足够少，退出的威胁将阻止国有资本将投入水平降低到低于最优投入水平。当面对投资水平为 θ 的非国有资本时，选择最优投入水平进行交易而非较小的投入水平 $q(q < \tilde{q}(\theta))$ 导致非国有资本退出，对于国有资本来说更有利。由模型基本假设部分的讨论可知，国有资本为所有非国有资本投资水平选择最优投入水平时，交易以概率 1 发生，没有第三方支付，契约实现最优，因此 $p_S(\theta) = p_B(\theta)$，使得：

$$p_S^E(\theta) < p_S(\theta) - c(\tilde{q}(\theta)) \qquad (5-22)$$

假设 p_B，p_B^E 和 x^E 满足式（5-17）~式（5-21），令 $p_S = p_B$，p_S^E 满足式（5-22）且 $p_S^E \leqslant p_B^E$，则满足以下条件的契约实施可达最优。

（1）在非国有资本宣布投资水平，国有资本选择投入水平后，非国有资本有两条信息"交易"和"退出"，国有资本在 $t=3$ 阶段没有信息。

（2）非国有资本的交易信息以概率 1 诱导交易，非国有资本向国有资本支付 $p_S(\theta) = p_B(\theta)$。

（3）非国有资本的退出信息以概率 $x^E(\theta)$ 诱导交易，国有资本收到

$p_S^E(\theta)$，非国有资本支付 $p_B^E(\theta)$。

然而，该契约存在缺陷，一旦非国有资本在 t = 3 阶段选择退出，它将要求双方向第三方付款，而我们无法排除两个代理人相互合谋应对第三方的可能性。

若不向第三方付款，由式（5 - 20）可知，p_B^E 必须足够大以防止低投资水平非国有资本在 t = 1 阶段假称自己有一定的投资水平而后在 t = 3 阶段退出，不考虑向第三方付款，非国有资本退出后平衡预算需要 $p_S^E = p_B^E$，向国有资本支付的款项 $p_S^E = p_B^E$ 一般不够小，不足以构成威胁去阻止国有资本降低投入水平。

为了解决这一问题，我们构建了一个信息博弈能够以足够低的付款执行预算平衡的契约。在国有资本出现投入水平偏差后，不会以概率 1 作为最终结果进行交易，我们给每个参与者提供附加交易信息并构建交易条款，如果国有资本隐瞒投入水平并想要交易，非国有资本最优策略是退出，如果非国有资本退出，国有资本最优策略将是不交易，最后，如果国有资本不交易，非国有资本的最优策略也是不交易。在国有资本偏离最优投入水平之后，这一反应序列最终会导致独特的均衡，在这种均衡状态下，付款额低到足以阻止国有资本降低投入水平。更准确地说，假设在 t = 1 阶段非国有资本宣布 θ 之后，t = 3 阶段的信息博弈有三条给非国有资本的信息 $Z_B = \{N, E, T\}$ 和两条给国有资本的信息 $Z_S = \{T, N\}$。由于我们现在排除了向第三方付款的可能性，契约只需规定从非国有资本到国有资本的单一付款 $p(m, z_S, z_B)$。考虑交易支付结果为 (x, p) 的契约，如表 5 - 1 所示，其中 $p(\theta)$，$p^E(\theta)$ 和 $x^E(\theta)$ 满足式（5 - 17）~ 式（5 - 21），在 $\varphi > 0$ 足够小时，根据式（5 - 20）和式（5 - 21），可以选择付款 $\bar{p}(\theta)$ 来满足：

$$\max\left[p^E(\theta), k\right] + \varphi < \bar{p}(\theta) < p(\theta) \tag{5 - 23}$$

表 5 - 1　　　　　　　　　　契约条款（x, p）

x, p	$Z_B = N$	$Z_B = E$	$Z_B = T$
$Z_S = T$	$0, k - \varphi$	$x^E(\theta), p^E(\theta)$	$1, p(\theta)$
$Z_S = N$	$0, k$	$0, \max[p^E(\theta), k] + \varphi$	$0, \bar{p}(\theta)$

当非国有资本在 $t=1$ 阶段如实报告，国有资本在 $t=2$ 阶段选择投入水平 q 时，契约在 $t=3$ 阶段诱导的博弈如表 5-2 所示。

表 5-2　　　　　　　　　　国有资本选择 q 时的信息博弈

	$Z_B = N$	$Z_B = E$	$Z_B = T$
$Z_S = T$	$k - \varphi, k + \varphi$	$p^E(\theta), v(q,\theta) x^E(\theta) - p^E(\theta)$	$p(\theta), v(q,\theta) - p(\theta)$
$Z_S = N$	$k, -k$	$\max[p^E(\theta), k] + \varphi, -\max[p^E(\theta), k] - \varphi$	$\overline{p}(\theta), -\overline{p}(\theta)$

当国有资本选择低于最优投入水平时，$q < \tilde{q}(\theta)$，信息博弈的唯一均衡是 (N, N)，契约满足式 (5-6)、式 (5-7)、式 (5-8)。由式 (5-18) 和式 (5-23) 可知，对非国有资本来说 $z_B = T$ 由 $z_B = E$ 严格控制，一旦 $z_B = T$ 被消除，对于国有资本来说 $z_S = T$ 由 $z_S = N$ 严格控制。由于非国有资本严格地偏好 (N, N) 而非 (N, E)，因此 (N, N) 是唯一在严格控制策略反复消除中幸存下来的策略，该博弈不存在混合策略均衡。

当国有资本选择最优投入水平时，$q = \tilde{q}(\theta)$，由式 (5-18) 可知，对非国有资本来说 T 是对 $z_S = T$ 的最优策略，由式 (5-23) 中的第二个不等式可知，对国有资本来说 T 是对 $z_B = T$ 的最优策略，因此信息 (T, T) 构成均衡。国有资本在 $t=2$ 阶段选择 $q = \tilde{q}(\theta)$ 获得的利润为 $p(\theta) - c(\tilde{q}(\theta)) = k$，这意味着他不能通过降低投入水平获益。

综上所述，在非国有资本公布投资水平 θ 且国有资本选择投入水平 q 之后，在 $t=3$ 阶段进行上述信息博弈的预算平衡的契约可实现结果最优，在最优契约下，国有资本可以通过适当地选择式 (5-21) 中的 k 来获得最优剩余。在非国有资本始终有退出选择的情况下，我们可以将此预算平衡的契约解释为广义退出选择契约，与向第三方付款的退出选择契约相比，广义退出条件还取决于国有资本是否同意交易，即双方必须明确表示最终是否同意进行交易，例如，当双方都有陈述时，法院才执行交易或不执行交易。还要注意，对于广义退出选择契约来说，双方在不知道对方信息的情况下提交信息是至关重要的，为了便于实际执行，可以雇用一名公正的调解人，要求各方保密地提交信息，然后执行契约。

5.2.3　模型主要结论

根据模型分析，我们得出以下结论。

结论 1：交易以概率 1 发生，满足条件式（5-6）~式（5-12）限制的动态信息博弈存在一个完美贝叶斯均衡$(r, \mu, q, \zeta_S, \zeta_B)$，使得在均衡路径上，非国有资本如实公布其投资水平，国有资本为所有非国有资本投资水平选择对应的最优投入水平，契约能够实现最优结果。

结论 2：交易概率 $x: M \times Z \rightarrow [0,1]$ 的随机化契约有阻止双方偏离均衡路径的作用，它允许双方在动态信息博弈中通过偏离均衡路径的非确定性交易创造激励。通过设计一个允许非国有资本拒绝交易的退出选择，以正概率诱导交易，不仅使不同投资水平的非国有资本退出效用不同，还可以阻止国有资本降低投入水平：如果国有资本在了解非国有资本投资水平后选择最优投入水平，非国有资本会如实披露自己的投资水平并进行交易；如果国有资本降低投入水平，则非国有资本退出交易。存在向第三方付款时，非国有资本退出信息将阻止国有资本降低投入水平，以正概率诱导交易；不存在向第三方付款时，在国有资本偏离均衡路径后依然能够以足够低的付款执行预算平衡的契约。该结论说明了退出机制在混合所有制运行的过程中至关重要。

5.3　案例背景及其介绍[*]

上海 CT 控股股份有限公司（以下简称"CT 控股"）是一家国有控股上市公司，其股票于 1993 年在上海证券交易所上市交易。该上市公司前身是上海市 YS 股份有限公司，早年经过业务分拆变为如今的 CT 控股，当前公司业务以地产和投资两方面为主。CT 控股的地产业务包括全资子公司

---

[*]　资料来源：Wind 数据库及上海 CT 控股股份有限公司官网信息。

ZD 集团所从事的办公园区及办公楼开发、"城中村"改造、成片土地开发、公共保障房和普通商品房建设等，投资业务主要包括直接股权投资和私募股权投资基金管理，直接股权投资方向涵盖国资国有企业改革领域、城市基础设施产业链相关领域、金融股权投资领域等，私募股权投资基金管理包括分别与工商银行和交通银行合作成立的城市发展基金以及诚鼎基金旗下的 PE 基金。2013 年，公司决定引入 LXKG 旗下的 HY 投资作为战略投资者探索混合所有制的发展模式，其目的在于借助战略投资者的国企改制经验盘活国有资产，在运营模式、公司治理、发展战略等方面进一步面向市场深化改革。2014 年，公司换股吸收合并上海 YC 投资股份有限公司（以下简称"YCB 股"），正式启动重大资产重组，后续由上海 HJ 集团有限公司吸纳 YCB 股并拆立成为独立的上市公司。

战略投资者：HY 投资。HY（上海）股权投资基金中心（以下简称"HY 投资"）为联想控股成员企业，是一家成立于 2003 年的投资管理机构。自成立之初，HY 投资就以并购投资为主要业务模式，主导了多家国有企业的混合所有制改革，在国有企业治理市场化、管理专业化、人才职业化和发展国际化等方面有着丰富经验。背靠上海国资大股东的房地产上市公司手握大量优质资产，如地块、房产等，是上海国资地产概念股背后最大的潜在价值，CT 控股拥有的独特资源背景对于 HY 投资来说极具吸引力。2014 年，HY 投资受让 CT 控股 10% 股权，此后，投资主题定位于做实做大环保产业，HY 投资推动 CT 控股合并 YCB 股并分离为两家 A 股上市公司。2019 年，HY 投资开始大规模减持 CT 股份，截至 2020 年 4 月累计完成两次减持。

5.4 案例分析过程①

2014 年 1 月，CT 控股收到上海市商务委员会批复，上海市相关负责

---

① 资料来源：Wind 数据库、上海 CT 控股股份有限公司官网企业定期公告、东方财富网站公开数据。

部门在政策层面同意 HY 投资受让上海市城市建设投资开发总公司（以下简称"上海 CT"）所持有的 CT 控股 298752352 股股份（占总股本的 10%）。诸多市场分析师和相关人士就此事项一致认为上海 CT 对受让方资格条件要求极为苛刻，例如：意向受让方具有为上市公司国际合作、业务拓展方面提供持续资源及技术支持的优良实力；意向受让方或其资产管理人的实际控制人，应为海内外知名企业或投资机构，并具备市场化的运作机制和运营能力，在完善公司治理机制以及国有企业改制方面具有丰富经验和被市场认可的成功案例；截至 2012 年底，意向受让方管理或持有的总资产规模需超过 CT 控股的资产规模；意向受让方品牌应具有一定国际知名度；意向受让方受让的股份自股权交割之日起有锁定 36 个月的承诺。HY 投资正好都符合上述要求，且愿意接受 36 个月的锁定期这一前提条件。

如图 5 - 2 所示，2014 年 2 月 26 日，CT 控股的第一大控股股东上海 CT 完成转让所持有的 CT 控股 10% 股权过户，转让价格为 6 元/股，股份转让对价合计为 17.93 亿元，HY 投资从此成为 CT 控股第二大股东。2017 年 2 月 21 日，CT 控股完成重大资产重组，合并 YCB 股并实施分拆，将水类、环境业务剥离至上海 HJ，HY 投资持有 CT 控股的持股比例改为 9.24%。

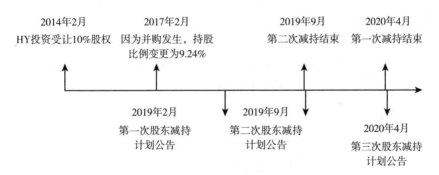

图 5 - 2　HY 投资进入与退出事件的过程

注：2014 ~ 2016 年双方良好，2017 ~ 2019 年业绩下滑。

此次引入 HY 投资作为战略投资者，给国有企业引入市场化机制，借助 HY 投资的国有企业改制投资经验，推动国有企业体制机制改革，优化公司治理结构，促进业务更好更快地发展，遵循了上海新时期国资国有企业改革的新要求。与此同时，国有资本出让股权给非国有资本能够给企业注入活力，出让股份获取的资金还可用于投资其他功能性领域，这完美契合了上海国资委所提出的积极参与混合所有制改革、畅通国有资本流动渠道、明确功能定位实施分类监管、优化国资布局和产业结构等思路。

资本原始股解禁后，HY 投资于 2019 年开启了逐步减持清仓的离场模式（见图 5 - 2）。2019 年 2 月 27 日，CT 控股发布首次股东减持计划公告，HY 投资计划减持 126478781 股，减持比例不超过总股本的 5%。随后 HY 投资办理解除股票质押，以集中竞价交易、大宗交易方式减持股份 56231163 股，占总股本的 2.2229%，减持价格区间为 5.63 ~ 8.65 元/股。截至同年 9 月 17 日，HY 投资持有股份 177583481 股，占总股本的 7.02%。2019 年 9 月 18 日，CT 控股发布第二次股东减持计划公告，HY 投资计划减持 164422416 股，减持比例不超过总股本的 6.5%。随后 HY 投资办理两次解除股票质押，以集中竞价交易方式减持股份 7986834 股，占总股本的 0.3157%，减持价格区间为 6.03 ~ 6.55 元/股，截至 2020 年 4 月 14 日，HY 投资持有股份 169596647 股，占总股本的 6.70%。2020 年 4 月 15 日，CT 控股发布第三次股东减持计划公告，计划自公告披露之日起的 15 个交易日后以集中竞价交易、大宗交易、协议转让等方式，减持所持有的股份不超过 169596647 股。

继续分析案例的过程，首先是退出前后股权结构变动。

股权结构是不同性质和类型的股份在公司总股本中占据的比例及其相互关系，学术界一般对股权结构有两层定义：一是股权构成，二是股权集中度。笔者在进行研究时，将股权结构界定为国有股及非国有股所占比例，具体指前五大股东中国有股及非国有股所占比例，通过在国泰安 CS-MAR 数据库中查找 CT 控股的股权结构信息，统计前五大股东的股权比例，根据季报、半年报、年报和持股公司信息判断持股股东的股权性质，对 HY 投资参与 CT 控股混改不同阶段的股权结构变动情况展开了如下分析。

（1）分析 HY 投资退出混改前的股权结构。CT 控股混改前的股权结构如图 5 - 3 所示，CT 控股混改后的股权结构如图 5 - 4 所示，由图可知，HY 投资 2014 年加入 CT 控股后，上海 CT 保留第一大股东的地位，HY 投资为第二大股东直接介入企业的管理决策，二者持股比例分别为 45.61%

和 10%。2016 年 12 月 16 日，CT 控股吸收合并 YCB 股，总股本发生一次变动，由原本的 298752.35 万股变为 323211.95 万股，且在 2017 年 2 月 22 日因为其他变动原因转为 252957.56 万股。受总股本变动影响，上海 CT 和 HY 投资的持股比例在 2016 年末分别更改为 46.46% 和 9.24%，HY 投资以所持股权为基础继续发挥监督和制约公司发展的作用。由于协议转让时规定了 36 个月的锁定期，HY 投资持股比例在锁定期内不变，企业股权结构在 2017～2018 年间没有明显变动。根据查询到的数据，不难得出结论：企业股权相对集中，国有股占比重较大，但不至于"一股独大"，存在非国有股与之制衡。然而国有股控制能力更强，非国有股影响力受限，股权制衡度较高。

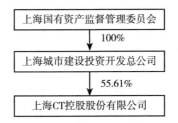

图 5－3　CT 控股混改前的股权结构

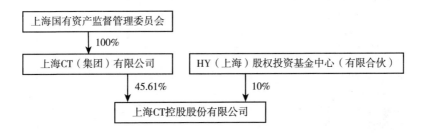

图 5－4　CT 控股混改后的股权结构

（2）分析 HY 投资开始减持股份后的股权结构，时间自 2019 年 2 月至 2020 年 4 月。尽管 HY 投资先后完成了两次股份减持，其持股比例仍然排名第二，优势控股地位不受影响。根据对年报的分析，前五大股东持股比例随 HY 投资退出逐渐下降，这表明股权集中于少数股东的现象有所改善，但 HY 投资退出不会动摇上海 CT 第一股东的地位，股权集中度依然比较高。Z 指数代表第一大股东与第二大股东持股比例的比值，即上海 CT 与

HY 投资持股比例的比值，Z 指数越大，双方博弈力量差异越悬殊，国有资本相对优势越明显，当国有股占比显著高于其他股东时，对公司运作及股价的市场表现影响力显著。

下面分析绩效表现，由于 CT 控股为上市国有企业，可从证券市场绩效和产品服务市场绩效两方面综合评估企业绩效。

证券市场绩效，是指企业证券在公开市场进行自由竞价交易的价格。观察图 5-5 中日总市值走势可知，企业市值自 2014 年后逐步走高且在 2015 年末达到峰值，继 2015~2016 年间频繁波动达到又一个峰值后呈现长期持续下跌趋势。探究两次峰值成因，结果如下：2015 年末的峰值与公司通过二级市场出售所持有的部分西部证券和光大银行股票有关，CT 控股在 2015 年共计发布了四次业绩预告，预估四个季度归属于公司股东的净利润与上年同期相比分别增加 250%~300%、310%~360%、185%~215%、70%~100%；2016 年末的峰值与 CT 控股合并和分拆 YCB 股紧密联系，总股本曾经于 2016 年 12 月 16 日及 2017 年 2 月 22 日发生两次变动，先由原本的 298752.35 万股变为 323211.95 万股，后转为 252957.56 万股。

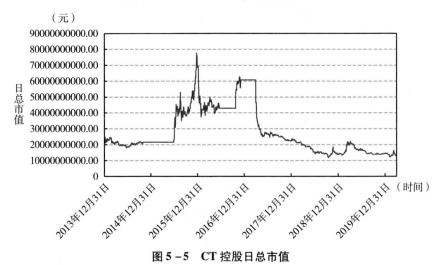

图 5-5　CT 控股日总市值

产品服务市场的绩效，是指企业资产的运营能力和盈利水平。CT 控股主营业务有两大板块，地产和投资双轮驱动，每年超过 95% 的营业收入均来自地产业务，而公司利润则主要靠投资贡献。查询 2013~2019 年年报、

半年报和季报后，选取净利润、投资净收益、营业收入进行综合衡量，图
5－6 表示历年净利润及同比增长率，图 5－7 表示历年投资净收益及同比
增长率，图 5－8 表示历年营业收入及同比增长率。2014～2015 年间 CT 控
股业绩不断改善，并于 2015 年达到净利高峰，该年度公司通过二级市场减
持部分股票贡献净利润约 8.31 亿元，净利润 36.25 亿元，投资收益 36.91
亿元，营业收入 79.77 亿元，而 2016～2019 年净利润分别为 21.79 亿元、
17.67 亿元、11.70 亿元、6.38 亿元，总体呈下降趋势，同比增长率分别为
－39.87%、－18.94%、－33.77%、－45.49%，对应的投资净收益为 12.15
亿元、14.52 亿元、6.27 亿元、3.38 亿元，连续四年大幅下降，同比增长
率依次为－67.08%、19.53%、－56.80%、－46.19%。除了投资业务贡
献的利润减少外，地产业务产生的营业收入近年也有较大幅下降，2016～
2019 年营业收入分别为 94.77 亿元、32.15 亿元、69.03 亿元、36.44 亿
元，同比增长率为 18.80%、－66.07%、114.69%、－47.21%。尽管 CT
控股在 2016 年及 2017 年发布的几次业绩变动预告中将业绩预减归咎于上
年同期出售股票取得的投资收益金额较大，但该理由不足以解释接下来四
年的业绩下滑趋势，无法说服 HY 投资。

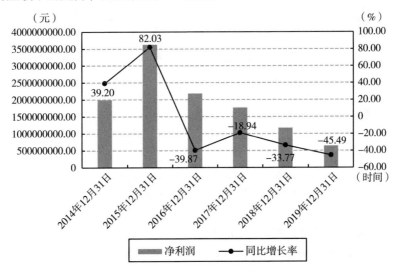

图 5－6　历年净利润及同比增长率

资料来源：CT 控股 2013～2019 年季报、半年报及年报。

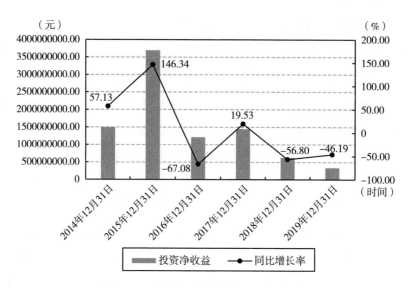

图 5 - 7　历年投资净收益及同比增长率

资料来源：CT 控股 2013 ～2019 年季报、半年报及年报。

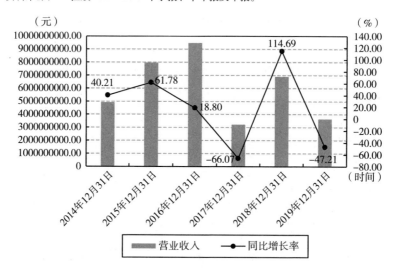

图 5 - 8　历年营业收入及同比增长率

资料来源：CT 控股 2013 ～2019 年季报、半年报及年报。

其次基于不完全契约的退出成因分析。

由于同时存在不可验证信息和不对称性信息两个契约环境缺陷，分解双方在契约不同阶段的行为可知：第一，在最初阶段，CT 控股投入水平不可验证但对外公开，HY 投资估价为私人信息，取决于自己的投资水平和对方的投入水平，双方就并购事项签订的契约本质上是不完全契约；第二，HY 投资根据其实际投资水平发出真实或虚假的信息，投资水平代表非国有资本投资积极性，不仅包括资金、不动产、设备等物质投入，还有员工培训、发展战略、科学技术、生产经验、公司治理机制等有益于国有资本发展的非物质投入；第三，CT 控股观察到该信息后任意选择投入水平，投入水平代表国有资本不隧道挖掘非国有资本利益的可置信承诺和对企业生产经营的努力程度；第四，HY 投资观察到有关 CT 控股的投入水平的信息，选择是否退出交易。本案中 HY 投资退出 CT 控股原因存疑，结合模型主要结论，具体分析如下。

（1）一方如实公布投资水平，另一方选择最优投入水平时，在均衡路径上可实现最优，HY 投资选择退出是一方偏离均衡路径导致的结果。

与外界猜想的因为资金紧张转让股权相反，CT 控股引进 HY 投资作为战略投资者是经过深思熟虑的创新举措，目的在于降低国资比重，优化企业治理结构。CT 控股前董事长接受校友采访时曾表示，在市委市政府和国资委的认可支持下，CT 控股先物色了许多境内外投资人，最终选择了有国有企业改革领域专家之名的 HY 投资，双方理念一致且交流无障碍，协议签订十分顺利。依据模型推导结论可以看到，本结论也从理论角度证实，当非国有资本如实公布其投资水平，国有资本为所有非国有资本投资水平选择最优的投入水平时，在均衡路径上存在一个完美贝叶斯均衡。除非一方未达协议预期，否则无论哪方都不会贸然选择退出。

（2）退出机制对 HY 投资有激励约束作用，HY 投资如实公布其投资水平，未偏离均衡路径。

当信息不可验证时，HY 投资无法第一时间验证 CT 控股的投入水平，只能在下一阶段观察到相关信息，它倾向于在 CT 控股选择最优投入水平时交易，在低于最优投入水平时退出。由于 HY 投资隐瞒投资水平会导致 CT 控股偏离最优投入水平，使得不同投资水平的退出效用相同，这与激励相容约束相悖，所以 HY 资本必须投入更多的物质或非物质成本到公司生产运营之中，从而达到协议中 CT 控股方的预期。在 2015 年 12 月的某高峰论坛上，CT 控股的董事长发言表示，HY 投资 2014 年初正式进入 CT 控股后对其帮助显著，具体体现为：一是在公司战略方面发挥重要作用；二是帮助 CT 控股开展境内外并购，尤其是针对环保行业找寻境内外许多环保资产和企业；三是预设关于高管团队股权激励和激励约束机制的改良方案；四是完善企业法人治理机构，董事会首次设置非国有董事 2 人。显而易见，HY 投资除了投入资金外，还投入了大量有益于企业发展的非物质成本，CT 控股方也满意战略投资方的投资积极性，问题不出在 HY 投资这方。

（3）退出机制对 CT 控股有激励约束作用，CT 控股未能提供最优投入水平，偏离了均衡路径。

当信息不对称时，CT 控股无法了解 HY 投资的真实投资水平，只能根据对方发布的信息推断并作出反应，它希望 HY 投资如实披露投资水平，继而选择自身的投入水平使其利益最大化。由于任何偏离最优投入水平的行为都有可能导致 HY 投资隐瞒真实投资水平或退出，CT 控股不得不保证不隧道挖掘非国有资本和投入更多努力到企业的生产经营中。

考察国有资本不隧道挖掘非国有资本利益的可置信承诺时，需要考察是否存在平衡保障各方利益的制度安排，利益分配和保障的关键在于企业股权及控制权如何安排，因而可着重研究股权结构和控制权配置情况，从前五大股东中非国有股东持股比例和非国有董事比例两方面入手评价。HY 投资自进入企业后一直占据第二大股东的位置，在 2019 年第一次减持前控股比例一直不超过 10%。企业绩效在 2013~2016 年间逐步提升，2016 年后开始大幅下跌，也早于 HY 投资 2019 年第一次减持股份，不难发现，并非股权结构变动影响企业业绩导致了 HY 投资的退出，企业业绩自身的变动才是根源所在。CT 控股在混改初期便主动放开董事会席位、设置监事会、外聘独立董事，防范大股东掏空和横向合谋情况的出现，历年年报显示，董事会席位设置 11 人，尽管有离职变动，在任董事始终稳定在 9 人，其中非国有董事 2 人，皆为 HY 投资内部人士，独立董事 3 人，超过董事会总人数的 1/3，符合法律法规的要求。董事会剩下的 4 人来自上海 CT 和 CT 控股，双方各占两个席位，企业控制权形成制衡。提高董事会中非国有董事比例，即提升非国有董事话语权，能够有效降低国有资本利用控股地位侵吞、隧道挖掘非国有资本利益的风险，而设置独立董事能够起监督与咨询的作用，CT 控股为了取得合作方信任可谓是用心良苦。

在考察对企业生产经营的努力程度时，企业绩效最能直观地反映出来。观察企业绩效变动情况发现：HY 投资减持股份不全是其作为基金投资退出的需求，还与 CT 控股业绩差强人意有关。面对利益受损的潜在威胁，HY 投资于 2019 年开启逐步清仓减持离场模式。查询 HY 投资退出期间的季报发现：2019 年和 2020 年第一季度净利润比上年同期减少 38.38% 和 86.05%，投资净收益比上年同期减少 38.90% 和 77.65%，营业收入比上年同期减少 92.53% 和 68.38%；2019 年第二季度净利润比上年同期减少 50.30%，投资净收益比上年同期减少 44.97%，营业收入比上年同期减少 56.02%；2019 年第三季度净利润比上年同期减少 46.60%，投资净收益比上年同期减少 43.11%，营业收入比上年同期减少 60.57%。2020 年第一季度投资净收益与净利润降幅较去年同期扩大，营业收入降幅较去年同期收窄，最新披露的数据验证了 CT 控股业绩下滑势头可能无法止住的猜想，以此类推，第二季度、第三季度很难出现好转迹象，HY 投资及时抽身而退是合理诉求，而 CT 控股业绩大幅下滑是触发其退出的根本原因。

5.5　本章小结

上述案例说明，在混合所有制运行的过程中，允许其有序退出，考虑双方的诉求是必要的、可行的。由于有限理性、外在复杂性、现实不确定性、信息不完全和信息不对称，混合所有制参与者无法预见未来突发情况，政府监管部门无法观察或证实一切，签订的契约往往是不完全的。本案例中，设置退出机制即允许非国有资本在企业业绩下滑的情况下选择退出，除了维护非国有资本利益外，还对双方有激励约束作用，这对我国下一步混合所有制改革有重要参考价值。

HY 投资退出对 CT 控股股价及股权结构有一定的影响：一方面，股价频繁变动，涉及清仓减持的上市公司股价短期内承压，投资者一般会选择规避，CT 控股面临着巨大舆论压力；另一方面，股权相对集中，股权制衡度随 HY 投资退出逐步增大，国有股对企业的控制能力变得更强，CT 控股的公司治理结构亟须改善。双方关于退出路径的意见不一致时，还会向法院提起诉讼，这将牵涉到诉讼前、诉讼中、诉讼外的一系列法律问题。因此，国资监管层面需要积极构建退出路径、完善退出监管体系、加快立法确保有序退出。

第6章

差异化并购路径选择、混合所有制企业
控制权配置差异及效率评价

本章将研究不同并购路径选择模式下混合所有制企业控制权配置差异分析及效率评价。在路径选择上，拟从以下三个角度展开：正向（国有企业并购民营企业）和异向（民营企业并购国有企业）的并购路径，基于行业异质性的并购路径和国有企业参股的路径。

在6.1节和6.2节中，我们将选取江西TY并购HB股份和JRZJ并购武汉ZS的两个案例来分析国有企业并购民营企业、民营企业并购参与国有企业所有制改革的企业案例来分析路径选择模式，根据并购方与目标方所处行业，产业以及生产产品和经营业务是否相似分成横向并购、纵向并购和混合并购，将这三种并购路径作为分析企业进行混合所有制改革的路径选择。横向并购是企业为了扩大市场占有率而对同行业或生产相似产品和业务的企业进行的并购；纵向并购是指企业并购虽然业务与自身业务不同的企业，但两者在产业链条上密切相关、处于前后位置的企业，通过并购降低交易成本，实现市场交易一体化的并购路径；混合并购也称跨界并购，是指企业为了实现多元化经营，收购在产业链上不处于纵向关系，主要生产工艺并不一样、产品与业务也不完全相同的企业，从而拓宽市场份额的并购路径。本章利用三种并购在不同路径选择模式下，对国有企业并

购民营企业与民营企业并购参与国有企业所有制改革的案例进行并购后的绩效差异分析。

国有企业并购民营企业路径选择的案例分析

6.1.1 国有企业并购民营企业案例[①]

1. 并购背景

江西 TY 股份有限公司作为以铜生产为代表，集铜的采选、冶炼、加工，硫化工，稀贵散金属提取加工的完整产业链于一体的特大型国内综合铜产国有企业，其控股股东 JT 为江西省国资委的全资控股企业。其主要营业收入来源 90% 以上为铜及铜的相关产品，毛利率约为 4%。其丰富的伴生金矿资源与旗下江西 HJ 的金矿探矿权均成为其黄金探采与生产业务的扩张资本。

并购标的方山东 HB 冶炼股份有限公司（以下简称"HB 股份"）作为国家重点黄金冶炼企业，主要从事黄金探采、冶炼与生产，电解铜的生产，并购前的业绩表现虽不及行业龙头，但一直较为稳健，主营业务毛利率达 10%。

2. 并购过程

并购前，HB 集团持有 HB 股份 35.87% 的股权，W 先生为 HB 股份的实际控制人。2019 年 3 月 4 日，HB 股份发布重大事项停牌公告，称收到控股股东 HB 集团通知，其筹备的 29.99% 股权转让事项涉及公司控制权变更可能，故于 3 月 4 日开市起预计停牌一天。3 月 5 日，江西 TY 对外发布投资公告，拟通过协议转让方式，相较 HB 集团 3 月 1 日停牌前 10 元的收盘价，以每股 10.9 元、收购股价溢价为 9% 的价格收购山东 HB 冶炼股份

---

① 资料来源：中国财富网站公开数据、同花顺数据库、Wind 数据库。

有限公司于烟台 HB 集团与一致行动人 W 先生及其他三位自然人共计 27.3 亿股、29.99% 的股份，共计转让价格为 29.76 亿元人民币，目标在转让完成后成为 HB 股份的控股股东，而江西 TY 的国有企业身份使得江西省国资委成为 HB 股份实际控制人。

6.1.2　并购混改的路径选择模式分析①

1. 以市场环境恶化下的纾困为目的的政府主导跨所有制横向并购

此次收购属于国有资本发起的政府主导型横向并购。自 2013 年起，混合所有制经济发展，加速民营企业、国有企业融合便被列为企业改革的重要目标，由此促成了国内的并购热潮。在混改的并购案例中，国有企业并购民营企业的案例相对更少。2018 年，资本市场中上市公司的债务状况频出，资本市场波动性较大，地方国资委对民营企业的吸纳脚步也越发快速。

在江西 TY 并购 HB 股份的案例中，HB 集团存在较为严重的主要股东股权质押情况，远远超出 60% 的正常比例。据 HB 股份的股东股份质押公告披露，HB 集团累计质押比例为 97.37%，其实际控制人 W 先生的质押比例高达 99.99%。短期债务居高不下、预付、预收款项都对其按时偿付与经营运转产生较大影响。

江西 TY 对 HB 股份进行收购，属于市场环境恶化下以降低 HB 股份的股权质押风险、纾困为目的的横向并购，更是以国资委控股的国有企业、同业经营企业身份进行的政府主导跨所有制横向并购，利用其国有企业身份，江西 TY 可实现优质资产注入、融资渠道拓展的帮扶、纾困，而 HB 股份的黄金业务也可为国有资本做大做强提供较好的业务资源。

2. 以完善产业布局为目的的战略性横向并购

此次并购从企业所属行业角度而言为拓展并购公司业务能力、竞争力

---

① 本部分涉及的数据来源于 Wind 数据、企业官方数据公告、东方财富网站数据。

的横向并购。如表 6-1 所示，从主营业务的具体种类上看，二者业务均属于有色金属冶炼及压延加工行业。从两家企业的对外投资公告可以看出，江西 TY 主要从事铜相关的采矿、选矿、冶炼、贸易等业务在开采及冶炼铜的同时会得到黄金等其他金属副产物，而 HB 股份主要从事黄金等贵金属的冶炼、综合回收业务，在冶炼及回收的同时会得到铜、铅等其他副产物。在细分行业类别中，江西 TY 产品主要为阴极铜，铜精矿、稀散及其他有色金属，铜加工产品等，而截至 2018 年 12 月，其黄金、白银等贵金属产品相较铜制品而言，收入仅占主营业务收入的 2.68%；HB 股份同期黄金收入占比高达 60.18%，白银占比达 18.27%，而其电解铜的占比为 2.30%。从原材料与资源、产品结构与营收占比上看，江西 TY 与 HB 股份呈现同产业、存在一定竞争关系，但侧重不同的特点，其副产品与对方的主营业务间存在较强互补性。

表 6-1　　　　　　　　　　并购双方主营业务种类对比

江西 TY	HB 股份
有色金属矿、稀贵金属、非金属矿、有色金属及相关副产品的冶炼、压延加工与深加工	黄金探矿、采矿、选矿、冶炼化工
有色金属、稀贵金属采、选、冶炼、加工及相关技术	稀散金属生产
境外期货业务	
相关咨询服务业务	
代理进出口业务	

2019 年 3 月，江西 TY 的投资公告中明确指出，江西 TY 并购杭 HB 股份是"江西 TY 完善产业布局的重要举措"，符合其"以铜为本，做强有色，多元发展，全球布局"的发展战略。江西 TY 以成为铜产业龙头企业、多金属矿业共同发展为自身战略目标，而主营业务为黄金生产的 HB 股份虽在股权质押比例上看风险较大，但业绩上 2016 年、2017 年的净利润分别为 2.03 亿元和 3.61 亿元，2018 年的净利润为 4.06 亿元，同比增长 12.41%，整体表现较为稳健。此次并购可为江西 TY 的黄金业务进行汇集与进一步扩张，并在一定程度上降低同业竞争强度，进行产业整合，完善

产业布局，同时使得 HB 股份获得流动性支持，江西 TY 的部分优质金矿相关资产注入期望也可从硬件上补足 HB 股份的矿源短板，实现双赢。

3. 以技术获取为目的的横向加强型技术并购

对于 HB 股份而言，其作为我国黄金销售收入十大企业、黄金经济效益十佳企业、黄金十大冶炼企业，其稳健的销售收入是其业务水平、优质资产的直接反映。除此之外，HB 股份在黄金产业中的火法冶炼、综合回收的先进技术使其拥有行业领先的生产效率与回收率，多项国家、省级研究课题，多项专利申请都反映出 HB 对科技研发的重视程度。

为实现企业在黄金领域的业务拓展与战略布局，以技术为抓手，贯彻落实江西省《深入推进企业上市"映山红行动"工作方案》中提到的，推动省属企业收购整合"科技含量高、市场占有率稳定或符合强链补链需要的"上市公司，以做大做强国有资本的推动方案，领先技术构成了 HB 的核心竞争力，使其成为江西 TY 及其旗下江西 HJ 在贵金属冶炼领域技术布局、强强联合、产业整合上的并购标的。对于可能发生的同业竞争，江西 TY 承诺，将其旗下优质的黄金板块资产优先注入上市公司，使公司与 HB 股份及其下属企业不构成实质性同业竞争，为其发展提供支持。有提质增效的技术加持，HB 股份将逐步形成以国有资本为主导的技术型"黄金股"。

6.1.3 　横向并购路径选择模式下的最终控制权差异分析

1. 股权结构变动

混改前，山东 HB 股份原由 HB 集团控股，最终受益人为 W 先生，属民营上市公司。自 2019 年 3 月的股权转让并购后至今，目前 HB 股份的股权结构中，如图 6 - 1 和图 6 - 2 所示，江西 TY 以 44.48% 的股权比例保持着对其的实际控制权，而江西 TY 90% 的股权属于江西省国资委，即 HB 股份自被江西 TY 并购以来，成为有江西省国资委控股的国有控股企业，完成了所有制转变。

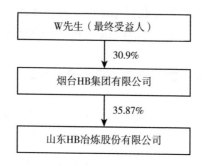

图 6 - 1　HB 股份混改前的股权结构

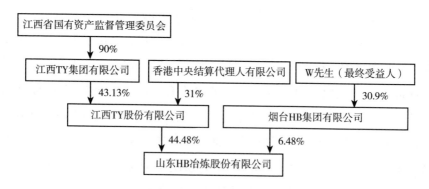

图 6 - 2　HB 股份混改后的股权结构

在其股权结构的变动方面，江西 TY 自并购 HB 以来，始终保持着第一大股东的地位。2020 年 9 月，出于 HB 自身业务类型、结算方式等因素影响，公司预付账款、存货的规模较大影响，较大数额的预付账款和存货对公司日常的产能利用率、运营资金需求形成了一定压力。为补充流动资金，HB 股份进行了定向的非公开发行，锁定期为 18 个月，江西 TY 增持了 23761.44 万股，最终以 51064.34 万股、44.48% 的股权比例保持着 HB 第一大股东的地位。

从前十大股东持股比例与股权集中度的角度上看，第一大股东自 2019 年后由 HB 集团变为江西 TY，持股比例在 30% 以上，2020 年、2021 年时更高达 40% 以上。从前十大股东持股比例上看，并购前 3 年内，股权集中度逐年呈较为稳定、略有下降的趋势，可能是由于其债务、股权质押风险较高释放的市场信号原因造成；并购发生后，第一大股东的持股比例逐年提升，整体股权集中度呈上升趋势。

总体而言，在横向并购的国有企业并购民营企业选择路径下，被并购的企业实现控制权的国有化转变，且随时间有一定提升趋势，对被并购企业的业务发展与资金流起到较好的推动作用，并通过市场信号进一步加大这种效应的影响程度。

2. 董事会变动

在董事会变动方面，基于变更记录、工商公示等公开数据源，将 HB 股份并购前、后的董事会成员进行陈列。

如表 6－2 所示，并购前，实际控制人 W 先生任 HB 股份董事长，QSL 任副董事长兼总经理，下设 2 名独董，5 名董事，共计 9 人。并购发生后，原 KX 铜业法定代表人 HXP 在 KX 铜业经历江西 TY 收购事件后，出任 HB 股份的董事长，除原副董事长兼总经理 QSL 外，独立董事与其余董事成员均来自江西 TY，保证了江西 TY 对董事会的绝对掌控权，其中，ZHW 担任 HB 集团总经理。2020 年，HB 股份独立董事由 LHX 变更为 WYM；2021 年，HB 股份的董事长变更为原江西 TY 下属企业江西 HJ 的董事长兼总经理 HRQ，独立董事与董事席位成员未发生变更，至此，HB 股份董事会已形成完全受江西 TY 控制、HB 股份主理业务执行的明确控制权结构。

表 6－2　　　　　　　HB 股份历年董事会成员任免变动

职位	2017 年	2019 年	2020 年	2021 年
董事长	W 先生	HXP	HXP	HRQ
副董事长	QSL	QSL	QSL	QSL
独立董事	ZSP	HJB	HJB	HJB
	HXH	LHX	WYM	WYM
董事	WJH	ZZH	ZZH	ZZH
	ZJJ	ZHW	ZHW	ZHW
	JPS	ZJH	ZJH	ZJH
	ZKH	ZQB	ZQB	ZQB
	ZYB	JJ	JJ	JJ

6.1.4 横向并购路径选择模式下的绩效差异分析

绩效方面，由于案例中国有企业并购民营企业的特殊性及国有企业江西 TY 并购 HB 股份的黄金板块资产注入与产业整合目的，对横向并购路径选择模式下标的公司 HB 股份绩效进行资本市场、市场经营绩效并购前后变化的差异分析。在证券市场绩效方面，以净资产收益率（ROE）为指标进行衡量，并选择更为有效、公平的加权平均净资产收益率为具体指标；在产品市场绩效方面，以历年营业总收入、净利润及增长率为指标进行衡量。除此之外，通过引入资产负债率、总资产周转效率指标综合辅助分析公司的债务风险、资产运营能力，其中，总资产周转率是衡量资产投资规模与销售水平之间配比情况的指标，总资产周转率越高，说明企业销售能力越强，资产投资的效益越好。

如表 6 - 3 所示，在证券市场绩效方面，ROE 是评价上市公司盈利能力的重要指标。总体而言，HB 股份的净资产收益率均值约在 8% 左右，存在一定浮动性。整体而言，公司有一定盈利能力。2019 年，HB 初并入 JT，其生产线修整的战略举措使其短期来看在 2019 年的各项盈利指标较 2018 年不增反降，甚至归母净利润同比下降 24.63%，产量下降、成本上升，短期债务带来的财务费用都使得其未能抓住金价上涨的大行情，但其总资产周转率从 1.49 提升到 1.52；在并购完成后一年，其 ROE 达到了 10.97%，同比增长 62.04%，营收达 360.53 亿元，净利润回暖，以 3.66 亿元同比增长了 19.61%，资产负债率也因为产量、价格上升（金价同比增长 20% 余）及定向非公开的股票增发融资约束度降低，从 2019 年的 71.19% 下降至 58.18%，大大降低了公司的债务风险。2020 年，公司围绕黄金冶炼及有色金属综合利用这一主线，基于国际领先的复杂矿石处理技术，建设了 3 套火法冶金系统生产线，并在国内外建立完善的矿石采购体系，具备了年产黄金 50 吨、白银 1000 吨，副产电解铜 25 万吨、硫酸 130 万吨的能力，总资产周转率进一步提升。2021 年，HB 的各项绩效盈利指标表现均较为良好，营收增长 14.78%、净利润 4.55 亿元，整体而言生产经营步入稳定发展阶段。

表 6 – 3　　　　　HB 股份并购前后证券市场、产品市场绩效及增长率变化

指标	并购前			并购后			
	2016 年	2017 年	2018 年	2019 年	2020 年	2021 年	2022E
ROE（加权）（%）	5.39	9.02	8.70	6.77	10.97	7.81	7.95（摊薄）
营业总收入（亿元）	163.97	195.23	212.01	285.36	360.53	413.83	444.71
营业总收入增长率（%）	15.93	19.06	8.59	34.60	26.34	14.78	7.46
（归母）净利润（亿元）	2.03	3.61	4.06	3.06	3.66	4.55	6.57
净利润增长率（%）	24.54	77.83	12.47	−24.63	19.61	24.32	44.40
资产负债率（%）	71.18	67.39	70.76	71.19	58.18	59.96	—
总资产周转率（次）	1.27	1.31	1.49	1.52	1.84	2.12	—

综上所述，通过 HB 并购前后的各项盈利、成长、偿债、运营数据代入至表 6 – 3 可将横向国有优质资本的收购注入的绩效差异影响归纳为以下方面。

（1）HB 并购融资约束因国有资本背书得到显著降低，并直接反映到其资产负债率上，由并购前三年的均值 69.78% 降至并购后的均值 63.11%。

（2）资金压力的显著减缓使得 HB 并购对资产的利用率、战略发展目标的实施更有动力，国有资本在获得控制权后与经营权分离的支持措施使得其企业运行架构效率不降反升，总资产周转率逐年提升。

（3）运行效率的直接结果表现在高增长率的 ROE 与归母净利润增长方面，经历生产线整修后的 HB 产能利用的提升与市场的宏观环境、JT 的战略资产注入准备无论从产品市场或是证券市场而言都给予了 HB 主营业

务极大的推动力，在高价、高产量与高市场预期上推动 HB 的良性发展。

6.2　民营企业并购国有企业路径选择的案例分析[*]

6.2.1　民营企业并购参与国有企业所有制改革案例

1. 并购背景

（1）并购方：JRZJ。

JRZJ 新零售集团股份有限公司（以下简称"JRZJ"）前身是 JR 装饰城，于 1990 年 4 月成立，在 2019 年之前经历过多次股份变迁，第一次股份转让给了商务部旗下的 ZS 集团和 HL 商厦，JRZJ 也由私企变为国有企业。大约 2000 年前后，国有企业改制后，JRZJ 变为混合所有制企业，其中，2001 年 ZS 集团又将 43% 的股份转让给了 WL 先生等 34 位自然人，至此，JRZJ 又转型为了民营企业，2018 年 2 月，北京 JRZJ 投资控股集团有限公司与 ALBB 集团共同宣布达成新零售战略合作：ALBB 及关联投资方向 JRZJ 投资 54.53 亿元人民币，持有其 15% 的股份。现在，JRZJ 的法定代表人为 WL 先生，由北京 JRZJ 投资控股集团、ALBB 集团、泰康人寿保险集团等投资人共同投资设立。公司经营范围以家居业务为主业，从事家装设计，装修、家具建材销售组成的大消费平台、智慧物流等多领域的大型商业连锁集团公司。WL 先生是其董事长。

JRZJ 作为家居行业企业，2019 年在全国有超过 300 家分店，在并购发生的前三年：2016 年度、2017 年度和 2018 年度，JRZJ 经审计的营业收入分别为 64.98 亿元、73.89 亿元和 83.69 亿元，净利润分别为 8.29 亿元、11.26 亿元和 19.62 亿元，可以看到公司在并购发生前业绩情况较好，但家具装修业在发展中存在产品同质化，与其他家居企业的营销策略不突出等问题，为了扩大市场份额，并探索新的线上线下零售模式，JRZJ 可以通

---

[*]　资料来源：同花顺数据库，Wind 数据库、企业官方网站公开数据。

过并购武汉 ZS，利用传统零售行业的优势，产生新的数字化，线上线下融合的零售模式，武汉 ZS 的百货、超市购物中心可以与 JRZJ 的全国网络融合进行全国拓展。

（2）被并购方：武汉 ZS。

被并购方武汉 ZS 集团股份有限公司（以下简称"武汉 ZS"）原身为中南商业大楼，成立于 1985 年 1 月，隶属于武汉国有资产经营有限公司，注册资本 2 亿元人民币，并于 1997 年 7 月在深交所上市。在 2007 年 9 月 19 日，经中国证券登记结算有限责任公司深圳分公司确认，武汉国有资产经营公司将其持有的本公司 114634160 股股份过户到武汉 SL（集团）名下。经上述变动后，武汉 SL（集团）合计持有武汉 ZS 公司 115083119 股股份，占公司总股本的 45.81%，公司的控股股东变更为武汉 SL（集团）。公司主要从事零售业务，同时涉足商业物业开发、电商服务等产业。主营业态包括现代百货、购物中心、超市等。现拥有 9 家现代百货店、1 家购物中心、51 家各类超市，主要分布于武汉市核心商圈和周边 10 个主要城市。

作为大型零售百货企业，武汉 ZS 是武汉的标志性百货公司企业，已经有了三十多年的历史，作为武汉市的龙头企业，也曾获评全国百强零售优秀企业的称号，但随着数字经济的发展，原本实体零售企业受到较大的冲击，ZS 集团董事长曾表示，在体制和所处地域的条件下，公司业务还有改善的空间，但作为传统快消品零售企业，发展的推动力和空间都有所限制，在发生并购上市的前三年，查询武汉 ZS 的财务绩效情况，并与武汉 ZS 所属于的行业财务数据均值进行比较，如表 6-4 数据可知，发现 2016~2018 年武汉 ZS 的财务绩效情况并不乐观，不仅资产增长率、营业利润等盈利指标数据整体呈下降趋势，并且三年数据也低于行业平均水平，在盈利发展水平并不理想的情况下，武汉 ZS 通过引入民营资本进行混合所有制改革，对传统零售模式进行数字化，将自身零售业务与有 ALBB 控股的 JRZJ 业务进行融合发展，JRZJ（JR 新零售）也实现了百货、购物中心、商超业态与家居零售业态的跨界融合探索新零售发展模式，从而走向全国。

表 6 - 4   武汉 ZS 2016 ~ 2018 年财务数据

年份	总负债（亿元）	总资产（亿元）	总资产同比增长率（%）	营业收入（亿元）	营业成本（亿元）	营业利润（亿元）	净利润（亿元）
2016	19.55	28.67	8.72	40.11	31.68	0.72	0.37
2017	15.43	28.32	- 1.25	39.97	31.55	4.89	3.95
2018	14.11	27.26	- 3.73	40.44	31.50	1.82	1.10
2016 年行业均值	61.23	99.54	71.92	61.41	52.02	4.47	4.40
2017 年行业均值	80.06	122.16	43.21	84.29	72.31	5.16	3.90
2018 年行业均值	14.11	27.26	- 3.73	40.44	31.50	1.82	1.10

2. 并购过程

在 JRZJ 借壳武汉 ZS 交易中，武汉 ZS 以典型的定向增发股份，非公开发行股份的方式，购买 JR 控股等 23 名股东持有的 JRZJ 100% 股权。整体估值为 363 亿 ~ 383 亿元，经双方协商，最后确定交易价格为 356.5 亿元。按照当时发行股票价格 6.18 元/股计算，武汉 ZS 本次拟发行的股票数量约为 57.69 亿股，交易完成后，JRZJ 成为武汉 ZS 的全资子公司，JR 控股持有 42.68% 的股份成为上市公司的控股股东，JRZJ 董事长 WL 先生成为上市公司的实际控制人。本次交易于 2019 年 10 月 17 日通过证监会并购重组委审核，并于 2019 年 12 月完成上市及更名。

本次交易为 2019 年以来 A 股市场规模较大和有市场影响力的重组上市项目，中信证券担任本次重组项目的独立财务顾问。交易完成后，重组上市公司的控股股东变更为 JR 控股，直接持有重组上市公司 42.60% 的股份；上市公司实际控制人变更为 WL 先生，WL 先生及其一致行动人合计控制上市公司 61.86% 股份。并购重组完成后，武行 ZS 股票名更改为 JRZJ，但武汉 ZS 的原有业务包括商场、超市、购物中心等依然会被保留并继续经营。

JRZJ 反向并购武汉 ZS 交易过程如图 6 - 3 所示。

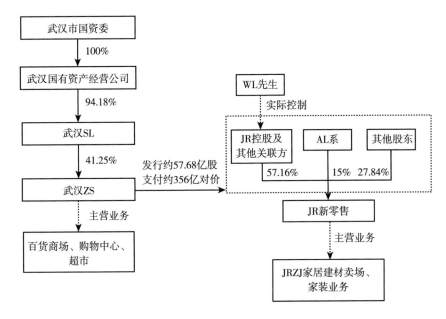

图 6 - 3　JRZJ 并购交易过程

6.2.2　并购混改的路径选择模式分析

此次 JRZJ 借壳武汉 ZS 并于上市 A 股的并购活动，是民营企业并购国有企业的典型案例，并且 JRZJ 作为家居行业的龙头企业之一，核心业务以及产品包括智慧物流家居装修、家居建材、家居室内设计、装饰品等多个家居消费服务板块多领域，属于家居行业。根据资料显示，本次交易前，武汉 ZS 主要从事零售业务，业态主要包含现代百货、购物中心以及超市等，属于传统零售企业。本次 JRZJ 的国资借壳上市对于武汉 ZS 来说，交易并不考虑把原有的资产置换出去，并且原有的业务也不会剥离。并购双方达成的共识是探索新的业务模式——新零售模式。武汉 ZS 将在原有的资产基础上，注入 JRZJ 的新资产、业务，包括更有盈利前景的家居建材、卖场、家装业务等，逐步实现门店改造和业态升级。这是一次跨界，跨行业的融合升级，武汉 ZS 的百货业态将借助 JRZJ 的全国销售网络并结合 ALBB 的新零售经验模式产生新的泛零售业务形态，打造武汉 ZS 旗下 ZS

百货、ZS 超市以及餐饮、娱乐、家居、建材等业态的新物种，并实现线上线下百货业务与家居零售业务的融合。在并购结束后，很快 ZS 就在天猫超市开设了旗舰店，线下 ZS 超市也和天猫在许多大学的实体店展开了新的合作。这是传统零售业与家居行业的跨界融合，JRZJ 通过这次混合业态的并购上市，快速募集资金，获得新的资源与能力，二者融合也有助于实现百货与家居行业结合的新零售模式，通过新的数字化技术使得门店转型升级走向全国，实现新的产业整合。因此，这次并购属于企业将和自己生产的产品不同性质和种类的企业进行并购的混合并购路径模式。

6.2.3　混合并购路径选择模式下的最终控制权差异分析①

1. 股权结构变动

并购重组事件发生之前，武汉 ZS 的实际控制人为武汉国有资产经营有限公司；并购结束后武汉 ZS 控股股东变更为 JR 控股，实际控制人变更为 WL 先生。

本次交易之前，JRZJ 的控股股东为 JR 控股，持有 JRZJ 43.9% 的股份，WL 先生为实际控制人，直接持有 JR 控股 17.5% 的股份，通过 ZTJY 间接持有 JR 控股 72.96% 的股份。WL 先生为 JR 控股股东及实际控制人，JR 控股持有 HXD 建材 100% 股权，WL 先生、JR 控股、HXD 建材互为一致行动人。交易完成后，重组上市公司的控股股东变更为 JR 控股，JR 控股将直接持有重组上市公司 42.68% 的股份；上市公司实际控制人变更为 WL 先生，WL 先生及其一致行动人合计控制上市公司 61.94% 股份。

根据武汉 ZS 发布的并购报告书显示，报告书公布日之前，武汉 ZS 上市公司总股本为 251221698 股。按照本次交易方案，武汉 ZS 公司本次将发行 5768608403 股 A 股股票用于购买 JR 新零售 100% 股权。本次交易完成前后主要股东持有上市公司的股权结构如表 6-5 所示。

---

① 资料来源：企业公告数据和同花顺数据库。

表 6－5　　　　　　　　　上市公司交易前后主要股东股权对比

股东名称	本次交易之前		本次交易之后	
	持股数量	持股比例（%）	持股数量	持股比例（%）
武汉 SL	103627794	41.25	103627794	1.72
其他	147593904	58.75	147593904	2.45
WL 先生	—	—	394572826	6.55
JR 控股	—	—	2569147817	42.68
HXD 建材	—	—	764686721	12.70
ALBB	—	—	576860841	9.58
HYXL	—	—	288430465	4.79
YFWX	—	—	288430420	4.79
TKRS	—	—	866479313	14.74
合计	251221698	100.00	6019830101	100.00

　　并购重组发生之前，武汉 ZS 上市公司持股 5% 以上的股东或前十大股东持股数据情况如表 6－6 所示。

表 6－6　　　　　　　　　并购前武汉 ZS 前十大股东持股情况

股东名称	持股数量（股）	持股比例（%）
武汉 SL（集团）股份有限公司	103627794	41.25
湖北省 GX 产业投资集团有限公司	4406387	1.75
LD 金融投资控股集团有限公司	1886274	0.75
HYY	1687500	0.67
LHY	1623900	0.65
CH	1621900	0.65
UBS AG	1379219	0.55
JH－BS 沪深 300 指数证券投资基金	1298300	0.52
ZL	1104493	0.44
GL	1019900	0.41
合计	119655667	47.64

　　并购重组结束后，上市公司改名 JRZJ 于 A 股上市，上市后持股 5% 以上的股东或前十大股东持股情况如表 6－7 所示。

表 6-7　　　　　　　　　　并购前 JRZJ 前十大股东持股情况

股东名称	持股数量（股）	持股比例（%）
北京 JRZJ 投资控股集团有限公司	2569147817	42.68
HEGG HXD 建材有限公司	764686721	12.70
ALBB（中国）网络技术有限公司	576860841	9.58
WL 先生	394572826	6.55
杭州 HYXL 股权投资基金合伙企业（有限合伙）	288430465	4.79
上海 YFWX 投资中心（有限合伙）	288430420	4.79
TKRS 保险有限责任公司	230744345	3.83
TJRT 投资管理合伙企业（有限合伙）	230744345	3.83
HRX 商业资产投资中心（有限合伙）	126949751	2.11
武汉 SL（集团）股份有限公司	103627794	1.72
合计	5574195325	92.58

根据并购重组后上市公司的股东情况可知，JR 控股持有上市公司 42.68% 的股份，上市公司实际控制人变更为 WL 先生，WL 先生及其一致行动人合计控制上市公司超过 60% 的股份。AL 系为第二大股东，共持股 14.37%，TKRS 持股 3.83%，武汉 SL 为 1.72%。重组后实际控制人变更为自然法人 WL 先生，但国有法人武汉 SL（集团）股份有限公司仍持股 1.72%，因此武汉 ZS 由国有控股企业变更为国有参股企业。

2. 董事会变动

JRZJ 并购武汉 ZS 交易结束后，重组上市公司董事会成员也发生了相应变动，JRZJ 第 10 届董事会的任职从 2019 年 12 月 23 日开始，终止日期为 2022 年 12 月 22 日，该届决议董事长为 WL 先生。董事会一共有 8 名非独立董事，其中 WL 先生及其他三位自然人来自 JR 控股方；2 名来自阿里巴巴方；1 名来自原武汉 ZS；1 名来自泰康人寿方。交易发生之前后，武汉 ZS 董事会成员也从 5 名变成了 8 名。

6.2.4　并购发生前后企业绩效变动差异分析①

本部分对 JRZJ 并购武汉 ZS 交易发生前后的绩效水平进行对比，分析
从混合并购路径形成的混合所有制企业在控制权配置发生变化后财务绩效
的变动趋势。通过查询 JRZJ 上市公司从 2016～2021 年第三季度的财务数
据，并从四个部分对企业财务绩效进行分析。第一是企业盈利能力分析，
主要运用净资产收益率、总资产报酬率、营业利润率、现金与利润总额
比、每股收益几个指标来进行分析。第二是营运能力，从存货周转率，应
收账款周转率，流动资产周转率和营运资金周转率几个方面进行分析。第
三是发展能力分析，采用营业收入同比增长率、净资产同比增长率、总资
产同比增长率来分析上市公司的成长状况。第四是偿债能力分析，使用资
产负债率、流动比率、速动比率指标来进行研究分析。

1. 盈利能力分析

盈利能力是衡量企业赚取利润的能力和经营效益，企业经营的首要目
的就是盈利并且在之后的发展中规模不断发展壮大，我们查找并整理了
JRZJ 在 2019 年进行并购重组之前从 2016 年至交易完成后直到 2021 年第三
季度的财务指标（见表 6 - 8），包括净资产收益率、总资产报酬率、营业
利润率、现金与利润总额比，以及每股收益来分析企业盈利能力，这五种
指标数额越高说明企业的盈利能力越好。

表 6 - 8　　　　　　　　　　并购前后上市公司盈利能力指标

指标	交易前			交易后		
	2016 年	2017 年	2018 年	2019 年	2020 年	2021 年第三季度
净资产收益率（%）	0.26	37.49	5.82	38.41	7.83	11.95
总资产报酬率（%）	3.62	17.05	5.91	21.69	5.52	6.76

---

① 资料来源：本部分涉及的数据来源于企业公告数据、同花顺数据库、Wind 数据库。

指标	交易前			交易后		
	2016 年	2017 年	2018 年	2019 年	2020 年	2021 年第三季度
营业利润率（%）	1.80	12.23	4.49	39.70	22.15	24.24
现金与利润总额比	3.33	0.62	1.43	0.65	1.07	1.97
每股收益（元）	0.01	1.42	0.26	0.54	0.22	0.26

根据上市公司年报，在并购发生的前三年，上市公司净资产收益率、总资产报酬率、营业利润率三种比率都经历大幅上升后大幅下降的趋势，净资产收益率从 2016 年的 0.26% 到 2018 年的 5.82%，总资产报酬率从 3.62%~5.91%，营业利润率从 1.80%~4.49%，盈利水平上升幅度都较慢，在 2019 年收购发生形成新的上市公司 JRZJ 这一年，三个指标都得到了明显的上升，现金与利润总额比值变化幅度不明显，每股收益则显示从 2018 年的 0.26 元到 2019 年的 0.53 元，公司获利能力有了明显提升，说明 JRZJ 并购武汉 ZS 给上市公司盈利能力带来正向作用，在并购之后的第一年净资产收益率、总资产报酬率、营业利润率、每股收益都有所下降，主要原因是 2020 年的新冠疫情影响，处于湖北武汉的 JRZJ 业绩受到较大冲击，并且在并购武汉 ZS 后销售成本上升导致盈利下降，但在 2021 年第三季度现金与利润总额比在不断上升，JRZJ 盈利能力不断向好。

2. 营运能力分析

企业的营运能力分析主要是对企业的资产利用效率进行评价，主要从对不同资产的运用效率和周转情况分析，本部分选用 JRZJ 上市公司 2016~2021 年第三季度的存货周转率，应收账款周转率，流动资产周转率和营运资金周转率指标来进行分析，如表 6-9 所示，从四个指标的数据变动趋势可以看到，营运资金周转率在并购交易发生之前一直是负数，且从 2016 年的 -10.40 次下降到 2018 年的 -283.96 次，说明营运资金的利用率较低，但在 2019 年发生混合并购后，与历史数据相比，JRZJ 的营运资金周转率得到显著提升，并且在并购发生后的两年都上升至正值，说明营运资金利用率通过并购得到了较大提升，存货周转率也从 11.56 次上升至 2021 年第三季度的 22.19 次，在并购发生的 2019 年也有着明显提升，说明并购对企业资金运用效率有着积极影响。但分析企业的应收账款周转率、流动资产周转率发现，从 2016 年并购发生前到 2021 年第三季度结束都在不断下降，应收账款周转率从 97.75 次下降到 13.29 次，说明企业回款能力较差，即便是进行并购重组也没有提升该项指标，流动资产周转率也从 3.81 次下降到 0.93 次，可能是由于 JRZJ 在并购后资产规模扩大，投入了许多线下门店，但 2020 年的疫情原因使得线下门店商户经营情况恶化，企业应收账款无法及时收回，流动资金也较少。

表 6 – 9　　　　　　　　　　并购前后上市公司营运能力指标

周转率	交易前			交易后		
	2016 年	2017 年	2018 年	2019 年	2020 年	2021 年第三季度
存货周转率（次）	11.56	12.05	12.52	21.06	27.94	22.19
应收账款周转率（次）	97.75	87.27	75.14	36.10	17.83	13.29
流动资产周转率（次）	3.81	3.14	3.12	2.34	1.03	0.93
营运资金周转率（次）	− 10.40	− 18.73	− 283.96	− 13.15	23.24	7.33

3. 发展能力分析

企业的发展能力是分析企业在经营基础上，扩大自身规模的能力，本部分选用 JRZJ 发生混合并购前到最近的营业收入同比增长率，净资产同比增长率，总资产同比增长率，从三个指标对比分析发生混合并购的发展能力差异，如表 6 – 10 所示。

表 6 – 10　　　　　　　　　　并购前后上市公司发展能力指标

增长率	交易前			交易后		
	2016 年	2017 年	2018 年	2019 年	2020 年	2021 年第三季度
营业收入同比增长率（%）	− 9	− 0.35	1.18	7.94	− 2.56	56.41
净资产同比增长率（%）	0.26	46.14	1.42	1217.11	30.01	21.37
总资产同比增长率（%）	8.72	− 1.25	− 3.73	1139.42	16.27	56.13

分析三个指标的数据变化趋势可以看到，营业收入同比增长率从 2016 ~

2021 年总体呈上升趋势，在并购发生前的前 3 年分别为 -9%、-0.35%、1.18%，说明企业的成长状况不佳，在实施并购后营业收入同比增长率在当年显著上升至 7.94%，说明 JRZJ 并购武汉 ZS 主营业务收入有大幅提升。但并购结束后的 2020 年主营业务下降较多，同比增长率降低为负值，可能是因为新冠疫情的影响，使得 JRZJ 主营业务受到较大冲击，营业收入从而大幅下降。2021 年第三季度最新数据显示营业收入有大幅上升，说明该次混合并购对企业营业发展有积极效果。

净资产同比增长率和总资产同比增长率的变化趋势相似，都在 2019 年达到最高，之后呈下降趋势，但并购发生前 3 年总体数据都较低，在 2019 年净资产同比增长率达到 1217.11%，总资产同比增长率高达 1139.42%，这是由于该年发生了 JRZJ 对武汉 ZS 的混合并购，使得重组的上市公司资产规模扩大，并引入了如 ALBB 这类新零售的有力投资者，使得指标大幅上升，但在并购发生后的两年，净资产同比增长率和总资产同比增长率都在下降，主要是因为新冠疫情的暴发影响了行业的经营状况，从而使得行业盈利降低，资产状况也受到影响，因此仅从两个指标的下降趋势判断并购的影响并不全面。总体而言，该次混合并购对上市公司的影响是积极的。

4. 偿债能力分析

偿债能力是衡量企业偿还到期账款的能力和企业流动资产变现的能力从而判断企业的财务风险，该部分主要采用 JRZJ 并购前后从 2016~2021 年第三季度的资产负债率、流动比率、速动比率来进行分析，如表 6-11 所示。

表 6-11　　　　　　　　　并购前后上市公司偿债能力指标

指标	交易前			交易后		
	2016 年	2017 年	2018 年	2019 年	2020 年	2021 年第三季度
资产负债率（%）	68.18	54.50	51.77	52.28	47.25	64.96
流动比率	0.75	0.98	1.00	0.82	1.25	1.05
速动比率	0.34	0.61	0.74	0.66	1.10	0.98

观察三个偿债能力指标的变化趋势以及数据可以分析，一般来说，企

业的资产负债率越低说明企业在中期的偿债能力比较好，但也并不是该项指标越低越好，对于一般的企业，指标数据保持在 40%～60% 比较合适，JRZJ 在上市之前资产负债率偏高，2016 年为 68.18%，在混合并购发生后的 2020 年资产负债率回到 47.25% 的合适水平，有所下降，但在 2021 年第三季度的数据中，资产负债率再次升高，分析可能是新冠疫情冲击使得该年的负债有所上升至 64.96%，但总体来看，混合并购发生后 JRZJ 的资产负债率有所下降，并对企业的偿债能力产生了正向影响。

流动比率和速动比率是反应短期偿债能力的重要指标，流动比率一般保持在 2∶1 以上较好，数值越高说明偿债能力强，速动比率数值在 1∶1 以上，越高说明偿债能力较强，可以看到，虽然 JRZJ 的两个比率都没有达到最佳标准，但是流动比率从 2016 年的 0.75 上升到 2021 年第三季度的 1.05，速动比率从 0.34 上升到 0.98，总体都呈现上升趋势，并且偿债能力在混合并购发生后不断增强，并逐渐接近最佳比例。2019 年并购发生当年两个比例都有不同幅度下降，是因为并购发生后资产规模扩大，有大量存货导致的暂时性下降；2020 年开始两个比率就开始上升，并且速冻比率上升更快；2021 年则受新冠疫情影响，两个比率有所下降，但总体来看，混合并购使得上市公司的偿债能力有所提升。

通过对 JRZJ 并购发生前三年及并购发生后两年的财务数据进行比较分析发现，JRZJ 上市公司的盈利能力、偿债能力、发展能力在并购发生后都有积极提升，而营运发展能力则发展欠佳，但总体来看，JRZJ 通过混合并购的重组上市对企业财务绩效有正向影响。

6.3　基于行业异质性的国有上市公司股权转让效率评价

作为并购的一个环节，股权转让日益受到学术界的关注，在实践中，国有股权转让效率是否存在损失，一直是学术界研究的重点，国务院发布文件强调国有企业要分层分类推进改革，因此从行业异质性角度研究国有上市公司股权转让效率对于制订明确的国有企业改革方案具有极强的现实意义。本书旨在发现在不同行业间国有上市公司的股权转让效率，以期为现实中的混合所有制改革提出政策建议。

本书将以 A 股发生国有股转让的国有上市公司为研究对象，以公司治理理论和国有企业改革为研究背景，分析在基于行业异质性的条件下，股权转让前后公司绩效指标是否存在明显变化，不同行业股权转让给公司绩效带来的影响是否存在显著差异。

6.3.1 基于行业异质性的国有上市公司转让效率研究设计[①]

1. 样本选择和数据处理

本部分采用国有上市公司之间转让股权或者向民营企业转让的样本相关数据作为观测值。根据 CSMAR 数据库中提供的数据，选取 2003～2015 年发生国有股转让的 A 股国有上市公司为研究样本，且满足以下条件：一是公司行业未因股权转让行为发生变更；二是交易双方均不属于金融机构；三是交易的股权类型为国有；四是国有股股权转让最终成功。国有上市公司股权转让的交易记录和财务指标信息来自 CSMAR 数据库中国有股拍卖与转让模块；为了保证数据真实可靠，同时弥补初始数据中部分数据的空缺，将从数据库中获得的初始数据与样本的年报一一进行了核对。从 CSMAR 数据库中得到初始数据核对并进行补充之后，进行了如下的处理：一是从国泰安数据库中下载国有上市公司股权转让的相关数据，得到受让方 1188 个观测值，转让方 1197 个观测值；二是根据转让前和转让后受让方的持股比例计算出单次转让的股份比例；三是把同一天进行转让的同一股转让的股份比例进行加总，得到 1014 个观测值；四是把同一年进行转让的股份进行加总，得到 947 个观测值；五是选取股权转让前三年和后三年作为研究时间范围，根据 CSMAR 数据库中现有数据，在保证数据前后三年内相关数据存在的条件下，选取 2003～2015 年进行股权转让的研究，删除 2016 年和 2017 年行业为资本市场服务、货币金融服务、保险等金融行

---

① 资料来源：国泰安（CSMAR）数据库。

业与综合类行业的观测值，得到 808 个观测值；六是数据中存在部分指标部分年份缺值漏值的观测值，为了消除缺值情况对差异显著性的影响，删除有指标部分年份缺值的观测值，最终得到 702 个有效观测值；七是根据所划分的行业异质性，得到劳动密集型观测值 217 个，资本密集型观测值 382 个，资源密集型观测值 103 个；八是通过观察，发现数据中存在极端异常值，使用 Stata 软件删除前 1% 和后 99% 的极端异常值之后再计算出股权转让前后三年的均值和中位数，再进行独立样本 t 检验，将所有的考察指标汇总。

2. 衡量指标的选取

公司绩效依据不同衡量标准分为两类。以衡量角度可分别为市场指标评价方法、财务指标评价方法、经济指标评价方法；以衡量指标可分为单一和综合指标评价法。国内的研究更多采用单一与综合指标评价法。

国外在这方面一般采用托宾 Q 值作为单一指标进行研究。但中国股票市场的分割性导致同一属性的产品由于市场的差异而产生价格差，如果采取此种方法存在市场价值的可信度问题。基于国内市场的基本情况，单一指标无法全面衡量股权转让引起会计信息变动对企业财务绩效的综合反映，如果选取不同的单一指标可能会得出不同的甚至相反的结论。针对单一指标法难以避免这些缺陷，国内的研究大多采用多个指标体系进行分析。本书拟从股权转让前后公司经营状况进行对比分析，为了从各个方面较为客观地对比公司绩效的变化，从盈利能力、资产管理能力等四个方面选取了 14 个财务指标。由于因子分析法的权重确立由内在数据特征决定，筛选过程更提升了因子间的独立性与分析的可信度，故选用因子分析作为评价方法。

因子分析法的特点在于它所确定的权数是基于数据分析得到的，指标间的内在结果关系具有良好的客观性，得到的各个因子之间相互独立，使指标维数降低的同时也减少了信息冗杂，基本能够达到客观、综合评价股权转让效率的目的。指标选取如表 6 - 12 所示。

表 6 - 12 变量描述

指标类型	指标含义
盈利能力	总资产收益率 净资产收益率 现金流量比总资产 每股收益 主营业务利润率
核心盈利能力	核心利润 核心利润率 修正盈利现金比率
资产管理能力	总资产周转率 流动资产周转率 存货周转率
发展能力	主营业务收入 主营业务收入增长率 净资产增长率
偿债能力	资产负债率 流动比率 速动比率

3. 划分行业异质性

参考《上市公司行业分类指引》（2012 年修订）将得到的 702 个观测值按照资源密集型、资本密集型、劳动密集型为标准进行行业异质性划分。

6.3.2 基于行业异质性的国有股转让效率的描述性统计

表 6 - 13 为资源密集型行业在进行国有股转让前后在盈利能力、资产管理能力、发展能力、偿债能力的描述性统计结果。由该表可知，资源密集型行业在股权转让后的现金流量比利润总额有显著增长，在每股收益上也有较为明显的提高，但是在总资产收益率上没有十分明显的变化，净资产收益率和营业利润率虽然均值发生了较为明显的变化，但是统计上并不显著；在资产管理能力方面，总资产周转率、存货周转率提升较为明显，尤其是存货周转率在股权转让后提高的十分明显；在发展能力方面，所选

取的三个指标在股权转让前后的对比检验均不显著；在偿债能力方面，资产负债率有较为显著的提高，但是在流动比率和速动比率方面，股权转让后显著下降。可见在股权转让后，资源密集型行业的盈利能力在一定程度上有所提高，资产管理能力上也有十分明显的提升，在这两个方面，资源密集型行业的股权转让是有效率的，发展能力没有显著的变化，但是偿债能力因为股权转让呈现显著下降趋势。

表 6 – 13　　　　　　　　资源密集型行业转让前后各指标对比

经济意义	衡量指标	类别	资源密集型		
			均值	中位数	差异显著性
盈利能力	总资产收益率	转让前	0.027755	0.025822	0.108
		转让后	0.026945	0.02764	(0.914)
	净资产收益率	转让前	0.031733	0.053837	– 0.847
		转让后	0.046086	0.060629	(0.398)
	现金流量比利润总额	转让前	1.37446	1.334672	– 2.075 **
		转让后	2.033294	1.302924	(0.039)
	每股收益	转让前	0.203594	0.159943	– 0.612 *
		转让后	0.231474	0.141103	(0.054)
	营业利润率%	转让前	0.240362	0.219237	1.107
		转让后	0.219364	0.198425	(0.270)
资产管理能力	营运资产周转率%	转让前	1.41616	0.808956	– 0.47
		转让后	2.364337	0.737156	(0.639)
	流动资产周转率%	转让前	1.568314	1.36601	– 2.233 **
		转让后	1.883181	1.751967	(0.027)
	存货周转率%	转让前	12.27037	5.182714	– 2.172 **
		转让后	29.09932	6.63356	(0.031)
发展能力	主营业务收入增长率%	转让前	0.196333	0.174007	– 0.15
		转让后	0.196758	0.1437	(0.881)
	总资产增长率	转让前	0.12536	0.071929	– 1.314
		转让后	0.167546	0.094544	(0.19)
	净资产增长率	转让前	– 1.58511	– 0.1049	0.677
		转让后	– 2.17488	– 0.07755	(0.499)

续表

经济意义	衡量指标	类别	资源密集型		
			均值	中位数	差异显著性
偿债能力	资产负债率	转让前	0.479296	0.489694	-1.859*
		转让后	0.525864	0.522154	(0.064)
	流动比率	转让前	1.350227	1.042952	1.674*
		转让后	1.143765	1.004881	(0.096)
	速动比率	转让前	1.033479	0.772735	1.925*
		转让后	0.840069	0.652619	(0.056)

注：***，**，*分别为基于99%，95%，90%置信水平。

表6-14为劳动密集型行业在盈利能力、资产管理能力、发展能力、偿债能力四个方面股权转让前后的对比检验。在盈利能力方面，劳动密集型行业在总资产收益率和每股收益上也有很明显的提高，在净资产收益率上也有比较显著的增长，现金流量比利润总额及营业利润率在均值上也都呈现出较为显著的变化，但是统计上不是十分显著，可能是由于数据在进行99%的缩尾处理后仍然存在异常值；在资产管理能力方面，营运资产周转率有较为显著的提高，流动资产周转率和存货周转率没有十分明显的变化；在发展能力方面，主营业务收入增长率、总资产增长率和净资产增长率都有十分显著的提高；在偿债能力上，该行业没有因为股权转让表现出明显的变化。

表6-14   **劳动密集型行业转让前后各指标对比**

经济意义	衡量指标	类别	劳动密集型		
			均值	中位数	差异显著性
盈利能力	总资产收益率	转让前	-0.00626	0.012817	-3.678***
		转让后	0.018751	0.025085	(0.000)
	净资产收益率	转让前	-0.07524	0.032576	-1.687*
		转让后	0.079046	0.073689	(0.092)
	现金流量比利润总额	转让前	2.952823	1.31976	1.377
		转让后	1.37464	1.16583	(0.169)
	每股收益	转让前	0.011136	0.061292	-4.66***
		转让后	0.222285	0.172875	(0.000)

经济意义	衡量指标	类别	劳动密集型		
			均值	中位数	差异显著性
盈利能力	营业利润率%	转让前	0.032851	0.023145	1.093
		转让后	-2.31074	0.030577	(0.275)
资产管理能力	营运资产周转率%	转让前	-2.13007	-0.19973	-1.817 *
		转让后	0.916787	0.197144	(0.070)
	流动资产周转率%	转让前	1.609069	1.214686	-0.651
		转让后	1.687875	1.260437	(0.515)
	存货周转率%	转让前	11.30636	4.964215	-0.365
		转让后	11.90157	5.03167	(0.716)
发展能力	主营业务收入增长率%	转让前	0.15875	0.10505	-3.358 ***
		转让后	0.538955	0.179993	(0.001)
	总资产增长率	转让前	0.088261	0.074242	-4.345 ***
		转让后	0.267797	0.121605	(0.000)
	净资产增长率	转让前	-4.13739	-0.16076	-2.627 ***
		转让后	-1.26749	0.01046	(0.009)
偿债能力	资产负债率	转让前	0.633591	0.575752	-0.323
		转让后	0.648769	0.583847	(0.747)
	流动比率	转让前	1.300255	0.962044	0.026
		转让后	1.296719	1.016911	(0.979)
	速动比率	转让前	1.014275	0.659236	0.284
		转让后	0.976471	0.671341	(0.776)

注：*** , ** , * 分别为基于99% , 95% , 90% 置信水平。

表 6 - 15 为资本密集型行业在盈利能力、资产管理能力、发展能力、偿债能力四个方面在股权转让前后的对比检验。在盈利能力方面，总资产收益率和每股收益在股权转让后有显著的提高，在营业利润率上也有一定程度的增长，在净资产增长率和现金流量比利润总额上可以看出，股权转让后均值也有较为明显的提升，但是在统计上不是十分显著；在资产管理水平上可以明显看到，流动资产周转率和存货周转率有明显提高；在发展能力方面，主营业务收入增长率和总资产增长率在股权转让后有明显的增长；在偿债能力方面，资产负债率和速动比率在股权转让前后有比较明显

的变化，但是相比之前两个行业不同的是，速动比率呈现一种降低的趋势。整体来看，在资本密集型行业中，股权转让使公司的盈利能力和资产管理能力有明显提高，并呈现出较好的发展能力。

表 6 – 15　　　　　　　　　资本密集型行业转让前后各指标对比

经济意义	衡量指标	资本密集型		
		均值	中位数	差异显著性
盈利能力	总资产收益率	0.010192	0.01851	– 2.062 **
		0.019498	0.024007	(0.040)
	净资产收益率	– 0.00156	0.038773	– 0.102
		0.000565	0.054838	(0.919)
	现金流量比利润总额	0.323316	0.98269	– 0.61
		0.602272	0.720063	(0.542)
	每股收益	0.096761	0.09858	– 3.498 ***
		0.190292	0.143617	(0.000)
	营业利润率%	– 0.01824	0.037851	– 1.98 **
		0.018411	0.041715	(0.048)
资产管理能力	营运资产周转率%	– 0.50236	1.3964	– 0.882
		0.395602	1.430406	(0.378)
	流动资产周转率%	1.212427	1.033591	– 3.4 ***
		1.414707	1.242307	(0.001)
	存货周转率%	4.116466	3.45781	– 3.375 ***
		4.950911	4.113977	(0.001)
发展能力	主营业务收入增长率%	0.155015	0.13665	– 3.1 ***
		0.227801	0.139461	(0.002)
	总资产增长率	0.073375	0.054812	– 5.359 ***
		0.150096	0.095064	(0.000)
	净资产增长率	– 2.68308	– 0.09491	1.025
		– 3.55657	– 0.04159	(0.306)
偿债能力	资产负债率	0.513742	0.529485	0.488 **
		0.54872	0.554089	(0.014)
	流动比率	1.568472	1.244398	0.044
		1.488132	1.311403	(0.250)
	速动比率	1.096446	0.839646	2.148 **
		0.985556	0.828783	(0.032)

注：***，**，* 分别为基于99%，95%，90%置信水平。

6.3.3　基于行业异质性的国有股转让效率的对比检验

我们进一步对不同行业下国有股转让效率进行对比检验，如表 6 - 16
所示。

表 6 - 16　　　　　　基于行业异质性的盈利能力的对比检验

衡量指标	行业异质性	指标均值	劳动密集型 资本密集型 对比检验	资本密集型 资源密集型 对比检验	资源密集型 劳动密集型 对比检验
总资产收益率	劳动密集型	0.019	0.496 (0.620)	- 0.550 (0.583)	- 0.928 (0.354)
	资源密集型	0.026			
	资本密集型	0.022			
净资产收益率	劳动密集型	0.042	- 0.357 (0.721)	- 0.376 (0.707)	0.147 (0.883)
	资源密集型	0.046			
	资本密集型	0.030			
现金流量比 利润总额	劳动密集型	1.442	- 1.679 * (0.094)	- 2.490 ** (0.013)	1.248 (0.213)
	资源密集型	2.014			
	资本密集型	0.802			
每股收益	劳动密集型	0.222	- 0.059 (0.953)	- 0.450 (0.653)	0.428 (0.669)
	资源密集型	0.245			
	资本密集型	0.221			
营业利润率	劳动密集型	- 0.207	3.269 *** (0.001)	- 8.770 *** (0.000)	- 3.219 *** (0.001)
	资源密集型	0.222			
	资本密集型	0.023			

注：***，**，* 分别为基于 99%，95%，90% 置信水平。

在盈利能力方面，股权转让后劳动密集型行业与资本密集型行业在现
金流量比利润总额存在差异显著性。劳动密集型行业的现金流量比利润总
额为 1.442，资本密集型行业为 0.802，资源密集型行业为 2.014，是三个
行业中现金流最好的。另外，资本与资源密集型行业在现金流与利润总额
之比也存在显著差异；在营业利润率方面，可以明显看出，劳动密集型行
业、资本密集型行业、资源密集型行业均存在差异显著性。由此可知，行

业异质性是影响企业股权转让后现金流量占总资产与营业利润率的重要因
素，但总资产收益率、净资产收益率、每股收益没有因为行业异质性而呈
现出明显的差异性，对此可以看出行业异质性在一定程度上影响股权转让
后企业的盈利能力，从数据上的对比也可以看出，资源密集型行业的盈利
能力相对较好。

根据表 6 – 17，在资产管理能力方面，劳动密集型行业和资源密集型
行业、资本密集型行业呈现出明显的差异显著性，在存货周转率方面，行
业异质性成为重要的影响因素，三种行业的对比检验均呈现出明显的差异
显著性。

表 6 – 17　　　　　基于行业异质性的资产管理能力的对比检验

衡量指标	行业异质性	指标均值	劳动密集型 资本密集型 对比检验	资本密集型 资源密集型 对比检验	资源密集型 劳动密集型 对比检验
营运资产 周转率	劳动密集型	3.406	– 0.183 (0.855)	– 0.486 (0.627)	– 0.277 (0.782)
	资源密集型	4.296			
	资本密集型	3.010			
流动资产 周转率	劳动密集型	1.750	– 2.906 *** (0.004)	– 4.134 *** (0.000)	1.137 (0.257)
	资源密集型	1.940			
	资本密集型	1.456			
存货周转率	劳动密集型	14.456	– 4.374 *** (0.000)	– 5.004 *** (0.000)	– 3.110 *** (0.002)
	资源密集型	54.368			
	资本密集型	6.618			

注：***，**，*分别为基于 99%，95%，90% 置信水平。

根据表 6 – 18，在发展能力方面，劳动密集型行业和资本密集型行业
在总资产增长率上呈现显著差异性，劳动密集型行业和资本密集型行业在
净资产增长率上呈现显著差异性，其他指标的对比检验均不显著。由此可
知，对于资源密集型行业，行业异质性不是影响行业发展能力的重要因
素，但是对于资本密集型行业和劳动密集型行业，行业异质性影响了总资
产增长率和净资产增长率，行业异质性成为影响这两种行业发展能力的重
要因素。

表6-18			基于行业异质性的发展能力的对比检验		
衡量指标	行业异质性	指标均值	劳动密集型 资本密集型 对比检验	资本密集型 资源密集型 对比检验	资源密集型 劳动密集型 对比检验
总资产增长率	劳动密集型	0.268	-2.275** (0.023)	-0.076 (0.940)	-1.366 (0.173)
	资源密集型	0.184			
	资本密集型	0.181			
净资产增长率	劳动密集型	-1.267	-1.692* (0.091)	-0.754 (0.451)	-0.702 (0.483)
	资源密集型	-1.990			
	资本密集型	-3.122			
主营业务收入 增长率	劳动密集型	0.539	-0.094 (0.926)	1.083 (0.279)	-1.592 (0.112)
	资源密集型	0.274			
	资本密集型	0.522			

注：***，**，*分别为基于99%，95%，90%置信水平。

在偿债能力方面，如表6-19所示，劳动和资本密集型行业、资源和劳动密集型行业在资产负债率上差异显著，劳动密集型行业和资本密集型行业、资本密集型和资源密集型行业在流动比率上存在明显的差异显著性。另外，在速动比率上，行业异质性没有显现出明显的影响。行业异质性在偿债能力整体上有重要的影响作用。

表6-19			基于行业异质性的偿债能力的对比检验		
衡量指标	行业异质性	指标均值	劳动密集型 资本密集型 对比检验	资本密集型 资源密集型 对比检验	资源密集型 劳动密集型 对比检验
资产负债率	劳动密集型	0.649	2.326** (0.020)	1.505 (0.133)	2.386** (0.018)
	资源密集型	0.529			
	资本密集型	0.574			
流动比率	劳动密集型	1.297	-2.799*** (0.005)	2.634*** (0.009)	0.432 (0.666)
	资源密集型	1.235			
	资本密集型	1.602			
速动比率	劳动密集型	0.976	-1.184 (0.237)	1.754* (0.080)	0.569 (0.570)
	资源密集型	0.899			
	资本密集型	1.087			

注：***，**，*分别为基于99%，95%，90%置信水平。

6.3.4　基于行业异质性的综合评价

为了从总体上评价行业的股权转让效率，采用因子分析法将多个指标降维压缩成几个因子。首先，为排除对因子的负向影响，对所选择的负向指标进行正向处理：衡量公司偿债能力的三个指标不是正向指标，因此，针对偿债能力的三个指标所对应的样本数据进行正向化处理。基于以往研究，使用 $y = 1/(1 + |x - a|)$ 进行负向指标的正向化处理，其中 x 为原始数据，y 为正向化后的数据，a 为 x 的理论最优值。

在因子分析前，采用 KMO 适度测定值和 Bartlett 球形图检验法对因子分析适用性进行检验，如果 KMO > 0.5，证明因子分析对于样本数据是适用的而且分析效果比较好，并且若 Bartlett 球形检验 sig 值 < 0.1，即在统计意义上显著时，可以采用因子分析法进行实证研究。

在使用因子分子法时，将大于一的主成分特征值作为公因子筛选条件，样本的综合得分由公因子与各指标的线性组合得分、各因子方差贡献率占比乘积决定。按照该方法分行业依次算出股权转让前一年，当年与后连续三年的综合得分，对不同年份的综合得分差值和正值比率进行比较，进行综合判定各行业股权的转让效率。

下面以劳动密集型行业为例详述数据处理过程。

表 6 - 20 为劳动密集型行业的 KMO 测定值和 Bartlett 球形检验值，在股权转让前后 5 年均满足 KMO > 0，且 Bartlett 球性检验后，sig $= 0.000$，在统计上十分显著，可进行因子分析。

表 6 - 20　　劳动密集型行业 KMO 测定值和 Bartlett 球形检验值

时间	KMO 测定值	Bartlett 球形检验值	Bartlett 球形检验 p 值
股权转让前一年	0.543	703.557	0.000
股权转让当年	0.545	670.538	0.000
股权转让后一年	0.609	382.726	0.000
股权转让后两年	0.614	518.787	0.000
股权转让后三年	0.568	667.020	0.000

表 6-21 为劳动密集型行业股权转让前一年，转让当年，转让后三年共五年的数据再提取主成分时的特征根和相应的方差贡献率。特征根大于 1，累计方差贡献率在 60% 以上的主成分作为公因子能够实现较好解释总体样本。

表 6-21　　　　　劳动密集型行业五年样本数据特征值及方差贡献率

主成分	转让前一年		转让当年		转让后一年		转让后两年		转让后三年	
	特征根	方差贡献率（%）	特征根	方差贡献率（%）	特征根	方差贡献率（%）	特征根	方差贡献率（%）	特征根	方差贡献率（%）
1	2.415	17.25	2.054	14.672	1.827	13.051	1.964	14.026	2.128	15.203
2	1.959	13.99	1.978	14.131	1.792	12.803	1.793	12.805	1.927	13.763
3	1.36	9.715	1.737	12.408	1.373	9.806	1.632	11.656	1.772	12.656
4	1.348	9.629	1.448	10.346	1.246	8.903	1.328	9.487	1.243	8.879
5	1.065	7.608	1.059	7.565	1.2	8.572	1.148	8.201	1.23	8.786
6	1.043	7.448	1.01	7.216	1.026	7.331	1.043	7.45	1.063	7.596
总贡献率		65.64		66.338		60.466		63.625		66.883

同时，为了更好地对因子进行解释，进行 Varimax 旋转得到表 6-22 的因子载荷矩阵。

表 6-22　　　　　　　　股权转让前一年的因子载荷矩阵

变量	主成分					
	1	2	3	4	5	6
资产收益率	0.872	0.029	0.084	0.346	-0.002	-0.007
净资产收益率	0.046	0.105	-0.016	0.642	0.000	-0.142
每股收益	0.524	0.179	0.158	0.578	-0.037	-0.012
营业利润率	0.017	0.159	-0.026	-0.044	0.855	0.01
现金流量比利润总额	-0.08	-0.209	-0.047	0.571	0.093	0.308
存货周转率	0.081	0.114	-0.047	-0.062	-0.442	0.027
流动资产周转率	0.052	-0.011	0.807	0.136	-0.017	0.138
营运资产周转率	-0.02	-0.003	0.804	-0.122	0.056	-0.09
负债正向	-0.063	0.617	0.131	0.269	-0.293	-0.117

续表

变量	主成分					
	1	2	3	4	5	6
流动正向	0.051	0.826	-0.064	0.016	0.044	0.017
速动正向	-0.006	0.862	-0.025	-0.092	0.067	0.059
总资产增长率	0.833	0.079	-0.03	0.001	-0.173	0.055
净资产增长率	0.813	-0.143	-0.037	-0.19	0.051	-0.021
营业收入增长率	0.032	0.035	0.046	-0.023	-0.039	0.937

表 6-22 为股权转让前一年的因子载荷矩阵。因子 1 在资产收益率和每股收益的载荷分别为 0.872 和 0.524，因子 3 在资产收益率，净资产收益率，每股收益，现金流量比利润总额的载荷都较高，因子 5 在营业利润率上的载荷为 0.855，可见，因子 1、因子 3 和因子 5 较好地解释了样本的盈利能力。同理，因子 3、因子 4、因子 6 较好地解释了样本的资产管理能力，因子 2 较好地解释了偿债能力，因子 1、因子 6 较好地解释了发展能力。

表 6-23 为股权转让当年的因子载荷矩阵，因子 1 在资产收益率的载荷为 0.885，在每股收益的载荷为 0.802，因子 5 在营业利润率上的载荷为 0.544，在现金流量比利润总额上的载荷为 0.656，可见因子 1、因子 5 较好地解释了盈利能力；另外，因子 2 较好地解释了偿债能力；因子 4、因子 6 较好地解释了资产管理能力；因子 1、因子 3 较好地解释了发展能力。

表 6-23　　　　　　　　股权转让当年的因子载荷矩阵

变量	主成分					
	1	2	3	4	5	6
资产收益率	0.885	0.181	0.091	0.009	-0.013	0.023
净资产收益率	-0.46	0.008	0.098	-0.113	-0.266	0.033
每股收益	0.802	0.243	0.196	0.134	0.106	0.038
营业利润率	0.076	-0.049	0.011	0.108	0.544	0.204
现金流量比利润总额	-0.006	0.054	0.036	-0.29	0.656	-0.238
存货周转率	-0.008	0.013	0.01	-0.062	0.036	0.949
流动资产周转	0.104	-0.013	0.055	0.832	0.108	-0.014
营运资产周转	-0.016	0.067	0.057	0.753	-0.12	-0.037

变量	主成分					
	1	2	3	4	5	6
债务正向	0.127	0.683	-0.105	0.01	0.233	0.04
流动正向	0.139	0.832	0.038	-0.03	-0.14	-0.057
速动正向	-0.009	0.835	0.058	0.082	-0.057	0.022
总资产增长率	0.054	-0.025	0.915	0.031	0.058	0.028
净资产增长率	-0.597	0.137	0.045	0.207	0.378	0.036
营业收入增长率	0.047	0.022	0.904	0.086	-0.03	-0.017

表 6-24 为股权转让后一年的因子载荷矩阵，因子 2 在资产收益率的载荷为 0.695，在每股收益上的载荷为 0.786，在总资产增长率的载荷为 0.719，因子 5 在净资产收益率的载荷为 0.453，营业利润率的载荷为 0.472，在净资产增长率的载荷为 -0.767，因此，因子 2 和因子 5 较好地解释了盈利、发展能力。另外，因子 3、因子 4、因子 6 较好地解释了资产管理能力，因子 1 较好地解释了偿债能力。

表 6-24　　　　　　　　　　股权转让后一年的因子载荷矩阵

变量	成分					
	1	2	3	4	5	6
资产收益率	0.337	0.695	0.284	-0.113	0.225	-0.054
净资产收益率	-0.034	0.265	0.122	0.057	0.453	0.063
每股收益	0.253	0.786	0.146	-0.061	0.169	-0.031
营业利润率	0.106	-0.13	0.155	-0.08	0.472	0.482
现金流量比利润总额	-0.277	0.103	-0.007	-0.393	0.2	-0.268
存货周转率	-0.071	-0.01	0.804	-0.052	-0.098	0.075
流动资产周转率	0.016	0.172	0.629	0.489	0.129	-0.154
营运资产周转率	-0.009	-0.004	0.022	0.85	0.099	-0.055
负债正向	0.726	0.138	0.185	-0.242	0.108	-0.1
流动正向	0.706	0.046	-0.235	0.114	0.007	0.13
速动正向	0.718	0.119	-0.013	0.144	-0.016	-0.057
总资产增长率	-0.084	0.719	-0.23	0.094	-0.121	0.113
净资产增长率	-0.053	0.006	0.213	-0.035	-0.767	0.111
营业收入增长率	-0.069	0.109	-0.045	0.007	-0.044	0.792

表 6-25 为股权转让后两年的因子载荷矩阵，因子 2、因子 5、因子 6
较好地解释了盈利能力，因子 4 较好地解释了资产管理能力，因子 1 较好
地解释了偿债能力，因子 2、因子 3 较好地解释了发展能力。

表 6-25　　　　　　　　股权转让后两年的因子载荷矩阵

变量	成分					
	1	2	3	4	5	6
资产收益率	0.198	0.74	0.299	0.177	0.223	0.034
净资产收益率	-0.213	0.278	-0.157	-0.195	0.719	0.034
每股收益	0.265	0.718	0.322	0.144	0.189	0.077
营业利润率	0.121	0.135	-0.203	-0.035	0.045	0.627
现金流量比利润总额	-0.057	-0.114	0.168	0.084	-0.034	0.792
存货周转率	-0.214	0.084	0.013	0.684	-0.178	0.048
流动资产周转率	0.097	0.104	-0.068	0.773	0.18	0.005
营运资产周转率	0.196	-0.254	0.275	0.304	0.666	-0.024
负债正向	0.652	0.382	-0.004	0.137	-0.088	0.011
流动正向	0.770	0.029	0.063	-0.227	0.032	0.052
速动正向	0.810	-0.053	-0.034	0.019	0.005	0.021
总资产增长率	0.096	0.186	0.815	-0.021	0.091	0.043
净资产增长率	-0.081	0.585	-0.008	-0.005	-0.119	-0.029
营业收入增长率	-0.084	0.105	0.771	-0.039	-0.063	-0.071

表 6-26 为股权转让后三年的因子载荷矩阵，由各个指标在因子上
载荷的具体数值可知，因子 1、因子 6 较好地解释了盈利能力，因子 1、
因子 3、因子 6 较好地解释了发展能力，因子 2 较好地解释了偿债能力，
因子 4 较好地解释了资产管理能力。

表 6-26　　　　　　　　股权转让后三年因子载荷矩阵

变量	成分					
	1	2	3	4	5	6
资产收益率	0.889	0.24	0.056	0.022	0.040	-0.010
净资产收益率	-0.602	0.046	0.107	0.107	-0.071	0.098
每股收益	0.732	0.337	0.118	0.109	0.032	0.046

变量	成分					
	1	2	3	4	5	6
营业利润率	− 0.034	0.074	0.002	0.061	− 0.14	0.849
现金流量比利润总额	0.026	− 0.145	− 0.024	− 0.301	0.521	0.459
总资产增长率	0.057	0.07	0.918	0.004	0.045	− 0.002
净资产增长率	− 0.552	0.209	− 0.144	− 0.063	0.39	− 0.133
营业收入增长	0.004	− 0.026	0.923	− 0.026	− 0.054	− 0.003
负债正向	0.342	0.675	− 0.036	− 0.141	0.236	0.019
流动正向	0.054	0.743	0.149	− 0.064	− 0.304	− 0.125
速动正向	0.014	0.808	− 0.047	0.165	− 0.012	0.136
存货周转率	0.02	− 0.059	0.026	0.066	0.592	− 0.172
流动资产周转率	0.09	0.112	− 0.02	0.613	0.521	0.189
营运资产周转率	− 0.036	− 0.039	− 0.013	0.83	− 0.063	− 0.054

劳动密集型产业的五年综合得分由各因子方差贡献率占比作为权重，与其因子得分相加得出，如下所示：

$$F_i^{-1} = 0.2628Y_{i1} + 0.2131Y_{i2} + 0.1480Y_{i3} + 0.1467Y_{i4}$$
$$+ 0.1159Y_{i5} + 0.1135Y_{i6} \qquad (6-1)$$

$$F_i^0 = 0.2212Y_{i1} + 0.2130Y_{i2} + 0.1870Y_{i3} + 0.1560Y_{i4}$$
$$+ 0.1140Y_{i5} + 0.1088Y_{i6} \qquad (6-2)$$

$$F_i^1 = 0.2158Y_{i1} + 0.2117Y_{i2} + 0.1622Y_{i3} + 0.1472Y_{i4}$$
$$+ 0.1418Y_{i5} + 0.1212Y_{i6} \qquad (6-3)$$

$$F_i^2 = 0.2204Y_{i1} + 0.2013Y_{i2} + 0.1832Y_{i3} + 0.1491Y_{i4}$$
$$+ 0.1289Y_{i5} + 0.1171Y_{i6} \qquad (6-4)$$

$$F_i^3 = 0.2273Y_{i1} + 0.2058Y_{i2} + 0.1892Y_{i3} + 0.1328Y_{i4}$$
$$+ 0.1314Y_{i5} + 0.1136Y_{i6} \qquad (6-5)$$

根据上述函数，计算各个行业的因子得分，三个行业的最终结果汇总如表 6 - 27 所示。

表6-27   劳动密集型行业的综合得分差值的样本均值和正值比率

指标	F0－F－1	F1－F－1	F2－F－1	F3－F－1	F1－F0	F2－F1	F3－F2
均值	－9.9E－08	－2.2E－07	－7.9E－08	－7.9E－08	－1.2E－07	1.37E－07	－3.1E－10
正值比率	0.424	0.484	0.484	0.507	0.53	0.442	0.401

从正值比率的角度来看，与转让前一年的得分差值中，正值比率呈现出不断上涨的趋势，但是逐年上涨的幅度不断下降，长久来看，劳动密集型行业股权转让的发展能力不是十分良好。

从股权转让前后的综合得分对比来看，劳动密集型行业在股权转让后的平均绩效是呈现出负效率，在与股权转让前一年的综合得分差值变化趋势图6-4中可以看出，转让第一年呈现大幅度的下降之后，转让第二年开始逐渐回升，第三年的水平与第二年基本持平，但是都没达到股权转让前的水平。由逐年得分差值图中可以看出，第二年经历了大幅度的上涨之后，第三年又呈现出一定程度的回落。

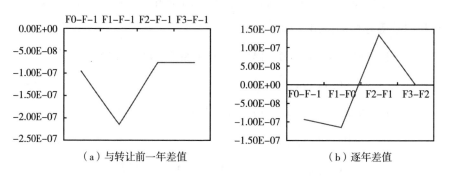

（a）与转让前一年差值　　　　（b）逐年差值

图6-4　劳动密集型行业综合得分差值变化趋势

结合正值比率和得分差值变化趋势图，可以得出结论：劳动密集型行业的股权转让导致了公司绩效的下降。

进一步分析资本密集型行业。

从表6-28正值比率的角度来看，转让当年与前一年的差值中正值比率占半数，第一年呈现小幅度的回落，第二年与转让当年持平，相比前一年呈现出大幅度的上涨，正值比率达到0.703，在逐年差值的正值比率中，每年都维持在 0.5 上下，相对来说比较稳定。

表 6 – 28   资本密集型行业的综合得分差值的样本均值和正值比率

指标	F0 – F – 1	F1 – F – 1	F2 – F – 1	F3 – F – 1	F1 – F0	F2 – F1	F3 – F2
均值	1.56E – 07	6.32E – 08	8.9E – 08	8.6E – 08	– 9.2E – 08	2.58E – 08	– 3E – 09
正值比率	0.5	0.476	0.5	0.703	0.453	0.552	0.5

　　从股权转让前后的综合得分对比来看，资本密集型行业在股权转让后的平均绩效呈现出正效率，在与股权转让前一年的综合得分差值的变化趋势图 6 – 5 中可以看出，股权转让当年，公司绩效呈现较大幅度的上涨，转让后第一年相比转让当年呈现出较大幅度的回落，但是相比转让前一年仍然表现为正的综合得分，第二年又呈现出一定幅度的回升。第三年有小幅度的下降，但仍然表现为正值。

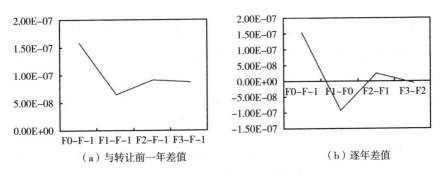

图 6 – 5   资本密集型行业综合得分差值变化趋势

　　结合正值比率和得分差值变化趋势图，可以得出结论：资本密集型行业的股权转让是有效的。再来分析资源密集型行业，如表 6 – 29 和图 6 – 6 所示。

表 6 – 29   资源密集型行业的综合得分差值的样本均值和正值比率

指标	F0 – F – 1	F1 – F – 1	F2 – F – 1	F3 – F – 1	F1 – F0	F2 – F1	F3 – F2
均值	– 7E – 08	– 2.8E – 07	– 2.4E – 07	– 2.3E – 07	– 2.1E – 07	4.31E – 08	8.78E – 09
正值比率	0.456	0.476	0.495	0.485	0.534	0.485	0.437

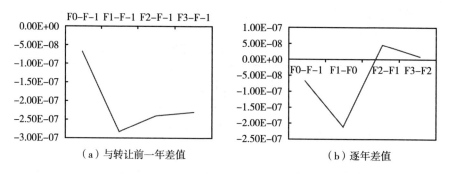

（a）与转让前一年差值 （b）逐年差值

图6-6　资源密集型行业综合得分差值变化趋势

从正值比率的角度来看，与转让前一年的差值中，转让当年与转让前一年差值的正值比率为0.456，之后每一年与转让前一年的差值的正值比率以0.02左右的幅度逐年上升，但是逐年差值的正值比率在转让后第一年从0.456上涨到0.534后，呈现逐年下降的状态，长远来看，发展能力不是十分良好。

从股权转让前后的综合得分对比来看，资源密集型行业在股权转让后的平均绩效也呈现出负效率，在与股权转让前一年的综合得分差值变化的趋势图中可以看出，在股权转让的第一年与转让当年的综合得分表现出大幅度的落差，虽然在第二年与第一年的逐年差值变现为正，但是并没有使股权转让后第二年的整体水平提升到高于转让之前，第三年与转让前一年的差值仍然表现为负。结合正值比率和得分差值的变化趋势图，可以得出结论：资源密集型行业的股权转让是无效的。

通过上述研究我们发现，收购国有股份使上市公司的绩效发生了不同程度的变化：第一，资源密集型行业的盈利能力和发展能力没有发生明显变化，但是经营能力有较明显的提高，偿债能力有所下降；资本密集型行业的盈利能力、经营能力、发展能力都有显著的正向变化，偿债能力发生了微弱的变化；劳动密集型企业的营业利润率降低，衡量盈利能力的其他指标和发展能力有较明显的正向变化。并且经过对比检验，行业异质性确实是造成收购国有股后各方面绩效指标差异的重要原因。第二，通过因子分析的总体评价，资源密集型行业和劳动密集型行业在收购国有股后不能够从总体上使行业绩效发生改善，短期内可能获得较快增长，但是行业总体绩效水平低于收购国有股之前。相反，国有股份能够给资本密集型行业带来明显的绩效改善，且预期增长时期较长。

本部分提出如下政策建议。

从国家宏观经济发展的角度来说，国有股转让的目的是期望通过多元化的股权结构激发上市公司的经济活力或是通过间接性的国家资金支持发展前景良好但当前处境艰难的民营企业。但是，根据本部分的研究，国有股的转让并不能在所有行业都能促进公司绩效的提升，而是受到行业异质性的影响，在不同行业进行股权转让后公司绩效呈现不同方向的变化。无论是分层分类改革的进一步推进还是上市公司在做出收购国有股的决策时，都必须要考虑行业异质性，从各个行业的特点和具体情况出发，采取有针对性的措施如下。

（1）资源密集型行业虽然从整体来看国有股的配置效率不高，但是从一定程度上国有资本的引入对于推进资源的有效开发具有良好的促进作用。资源密集型行业的国家垄断模式在未来很长一段时间会继续保持，但是为了推动行业经营机制发生改变，可以尝试在绩效较差的中小型国有企业进行较大规模的国有股转让，在改革重组时要注意所引入的非国有股东是否具有较好的积极性，能否充分发挥混合所有制的优势，同时要注重资源的合理开发和有效利用，粗放式的要素投入已经不能够适应时代发展的要求。

（2）劳动密集型行业是以劳动为主要的要素投入，面对人工智能的快速应用，在市场经济中的处境越来越艰难，员工可能会降低对未来发展前景的信心水平。通过国有资本的引入可以有效改善企业的盈利能力发展前景，但是进行因子分析时我们发现，收购国有股后的行业总体绩效水平低于收购前，推断可能存在部分亏损严重的企业试图通过收购国有股份获得短期收益，而这部分企业对于行业总体的评价产生了不可忽视的影响。因此在对劳动密集型行业注入国有资本时，应注意分析上市公司动机是否纯正，发展前景是否良好。

（3）资本密集型行业在进行转让过程中要注意吸引不同所有制企业交叉持股的同时避免国有资产流失，划定政策红线。另外，在股权转让的过程中保持公开性和竞争性方式，制订合适的改革方案，为非国有企业提供有利的竞争环境，促进国有股权向民营企业转让，充分推动民营企业参与混合所有制改革。

6.4 国有参股制造业上市公司的全要素生产率研究

以全要素生产率衡量企业的经济状况，是微观层面上的一个重要指标，也一直是众多学者关注的热点。以往研究大多使用 OP、LP 等半参数估计方法，得出的结论也比较接近，TFP 值多数位于 1.5 ~ 6.3（如杨汝岱，2015；叶刘刚和黄静波，2016）。除此之外，学者们还采用了其他估计方法和研究对象，涛等（Tao et al.，2017）运用全球 ML 生产力指数衡量了中国 2003 ~ 2013 年 270 个城市的绿色全要素生产率，发现除了 2010 ~ 2011 年其年增长率为负，其余年份均为正，且处于 0.5% ~ 4.2%。李等（Li et al.，2018）利用中国 1979 ~ 2015 年经济发展的总量数据，通过经济增长核算法，对以索洛余值为代表的全要素生产率指数进行计算，发现在 2008 ~ 2015 年全要素生产率指数呈现缓慢下降趋势。任曙明和吕镯（2014）选取 1999 ~ 2007 年的装备制造业数据，以 ACF 法、LP 方法测算全要素生产率，其中，基于 ACF 法的 TFP 从 2000 年的 3.6589 增长至 2007 年的 4.3296，年均增长率为 2.3%，基于 LP 方法计算的 TFP 从 1999 年的 6.7124 增加至 2007 年的 7.5249，年均增长率为 1.5%。

学者们还深入对影响全要素生产率的因素进行了研究，刘艳（2014）发现现代制造业的行业规模、研发投入、国有资本比重、外资比重均显著正向影响了全要素生产率。赛特派斯等（Satpathy et al.，2017）发现印度制造业企业内部现金流和流动性对全要素生产率具有正向作用，杠杆对全要素生产率有负面影响。赵等（Zhao et al.，2018）发现环境规制强度与我国碳密集型行业的全要素生产率之间存在显著的倒"U"型关系。季凯文（2015）发现，企业规模、研发力度、股权制衡度、资产负债率、高管持股比例对我国生物农业企业 TFP 有显著影响，而资本密集度、股权集中度、股本结构对其影响并不显著。艾文冠（2017）研究发现股权集中度与 TFP 呈现出高度负相关，而股权制衡度则与其呈正相关。以上文献研究对全要素生产率的影响因素时，要么不考虑股本性质的影响，要么检验整个行业国有资本比重的影响，而没有考虑单个企业的股权结构对该公司生产率的影响。本书从国有参股上市公司的角度出发，研究什么范围的国有资本持股比例能使该公司的全要素生产率达到最高水平。

参考杨汝岱（2015）的做法及通过鲁晓东和连玉君（2012）对 OP、LP、OLS 及固定效应方法的对比发现，LP 方法并不显著优于 OP 方法。本书运用结构方法中的 OP 方法估算其全要素生产率并进行多角度分析，与以往研究相比有以下区别：（1）研究对象更加细化，不是面向整个制造业或者制造业中某个具体的行业，而是从混合所有制改革视角，针对国有参股的制造业上市公司进行研究，这有助于了解混合所有制改革的效果。国有参股在本书中定义为第一大股东非国有、但前十大股东中含国有的企业；（2）在进行全要素生产率的分析时，不仅将其按国有资本持股比例进行分组对比，还将国有参股、国有控股、民营企业进行对比，以探究制造业上市公司中哪种性质企业的生产率更高，即哪一种企业结构更好，这有助于了解参与混合所有制改革的制造业企业效率全貌；（3）通过不同性质的混合所有制企业效率进行对比分析，以及对模型的实证分析来探究实践中国有参股份额在什么样的水平下可以使企业的全要素生产率达到最优，这有助于为下一步混改过程中，对国有资本与非国有企业的股权融合和战略合作提供经验依据。

6.4.1　研究方法、数据来源及处理

1. 估计 TFP 的 OP 方法

估计全要素生产率首先要设定生产函数的形式，本书跟大多数文献一样采用传统的科布—道格拉斯生产函数（C - D 函数）形式，即：

$$Y_{it} = A_{it}L_{it}^{\alpha}K_{it}^{\beta} \qquad (6-6)$$

其中，Y_{it} 代表了某个企业 i 在第 t 年的产出，L_{it}、K_{it} 分别表示企业 i 在第 t 年的劳动投入、资本投入，α、β 分别为劳动、资本的弹性，A_{it} 则代表了所要估计的每个企业年的全要素生产率。在使用该函数的时候通常会采用它的对数形式，即：

$$y_{it} = \alpha l_{it} + \beta k_{it} + \mu_{it} \qquad (6-7)$$

其中，y_{it}、l_{it}、k_{it} 分别代表了 Y_{it}、L_{it}、K_{it} 的自然对数形式。残差项 μ_{it} 中就包括了所要估计的全要素生产率。因此，只要将整个函数的参数估计出来，再把产出、劳动和资本带入估计的函数中就能求得全要素生产率。

但是，运用这种简单的线性回归会出现同时性偏差和样本选择性偏误，导致估算出来的全要素生产率与真实值有偏差。同时性偏差是指在残差项中有一部分生产率是可以依据现有的资本、劳动投入来预测出来的，即是与投入要素相关，因此可以将残差项分为可以被预测的部分和不可以预测的部分，即：

$$y_{it} = \alpha l_{it} + \beta k_{it} + \sigma_{it} + \varphi_{it} \qquad (6-8)$$

其中，$\mu_{it} = \delta_{it} + \varphi_{it}$，$\delta_{it}$ 表示可以预测出来的那部分生产率，与投入要素相关，φ_{it} 表示不可以预测的部分。为了使得估计结果更加真实可靠，奥力和派克斯（Olley & Pakes，1996）将企业的当期投资额带入估计函数，同时在估计结果时考虑了企业的进入退出情况，这样估算下来的全要素生产率值比较可靠。

2. 回归模型设计

为了进一步明确国有资本持股比例与全要素生产率之间的关系，我们设计了如下回归模型：

$$TFP = \alpha + \beta_1 Own + \beta_2 Own2 + \beta_3 R\&D + \gamma_1 Lnsize + \gamma_2 CR + \gamma_3 LEV$$
$$+ \gamma_4 ITR + \gamma_5 ROE + \gamma_6 TAGR + + \gamma_7 P/E + \varepsilon \qquad (6-9)$$

模型中各变量的性质、变量名称、变量定义及控制变量各项所代表的含义如表 6-30 所示。TFP 表示运用 OP 方法计算出来的各公司年份的全要素生产率，而各公司全要素生产率的高低与其生产技术水平是密切相关的，研发投入越多，技术水平就会越高，从而会提高公司的全要素生产率；同样地，资产规模越大的公司，市场竞争力较高，各项资源相对而言较多，也有足够的实力去引进新的技术或自主研发，其全要素生产率也会较高。除上述两个方面外，本书还控制了公司的一些市场表现特征，包括短期偿债能力、长期偿债能力、经营能力、盈利能力、发展能力及相对价值指标，因为各项能力不同也会在一定程度上影响公司的生产经营决策。在控制了上述变量后来探究在国有参股制造业上市公司中国有股份资本持股比例与全要素生产率的关系。

表 6 - 30　　　　　　　　　　　　模型中的变量

变量性质	变量名称	变量定义	变量代表的含义
因变量	TFP	全要素生产率	企业效率
自变量	Own	国有资本持股比例	国有股集中度
	Own2	国有资本持股比例平方项	国有股集中度的平方项
控制变量	R&D	开发支出/资产总计	研发投入强度
	Lnsize	总资产的自然对数	企业规模
	CR	流动比率	短期偿债能力
	LEV	资产负债率	长期偿债能力
控制变量	ITR	存货周转率	经营能力
	ROE	净资产收益率	盈利能力
	TAGR	总资产增长率	发展能力
	P/E	市盈率	相对价值指标

3. 数据来源及处理

本书使用的是剔除金融类、保险类、ST 和 ST* 类企业以外的 A 股制造业上市公司 2005 ~ 2016 年的数据，除前十大股东信息文件来自锐思（RESSET）数据库以外，其余数据均来自国泰安（CSMAR）数据库。

计算 TFP 值的数据处理过程如下：（1）将居民消费价格指数（CPI）和固定资产投资价格指数（P）分别转换为以 2005 年为基期的价格指数，然后将主营业务收入（Y）、购买商品、接受劳务支付的现金（M）、资本支出（I）分别用 CPI 平减，固定资产净额（K）用 P 平减得到对应的实际量；（2）用观测值所在年份减去公司成立年份，得出公司年龄 age；（3）根据股权变更情况文件整理出每年的控制权变化情况，有变化为 1，无变化为 0；（4）根据前十大股东信息文件整理各项观测值企业性质，并将民营定义为 1，国有控股定义为 2，国有参股定义为 3；（5）筛选出行业代码首字母为 C 的制造业样本，参考杨汝岱（2015）文章，剔除样本中员工人数缺失和小于 8 的样本，剔除总产出、实际资本存量、中间投入、投资缺失或为 0 值或负值的样本，剔除中间投入大于总产出的样本。经过以上处理，最终得到国有控股、国有参股、民营的制造业上市公司观测值分别为 4308条、2562 条和 5574 条，样本代码各 527 个、826 个和 1335 个。

6.4.2　实证结果分析

1. 数据的描述性统计

表 6-31 中分别列出了计算国有控股、国有参股、民营的制造业上市公司全要素生产率的主要指标的统计值。我们可以看到，首先，民营制造业上市公司的观测值共有 5574 条，其中总产出的最大值为 26.318，最小值为 13.450；资本的最大值为 24.045，最小值为 12.088；劳动的最大值为12.186，最小值为 3.178；中间投入的最大值为 26.285，最小值为 11.970；投资额的最大值为 23.083，最小值为 7.986。这五个指标的均值都比较接近于其最大值，且其标准差都在 1~1.5，说明这五个指标整体分布还算集中，没有较大的差异。但是可以明显看到企业年龄之间的差距，最大值为41，最小值为 0，均值为 12.533，其标准差也高达 5.389，明显高于前面五个指标。

表 6 - 31　　　　　　　　　　计算 TFP 数据的描述性统计

变量名称	变量	企业性质	观测值	最大值	最小值	均值	标准差
总产出	Lny	民营	5574	26.318	13.450	20.551	1.154
		国有参股	2562	25.584	13.609	20.733	1.269
		国有控股	4308	27.003	16.612	21.360	1.360
资本	Lnk	民营	5574	24.045	12.088	19.458	1.247
		国有参股	2562	23.672	12.502	19.752	1.331
		国有控股	4308	25.360	15.489	20.394	1.347
劳动	Lnl	民营	5574	12.186	3.178	7.374	1.038
		国有参股	2562	11.600	3.135	7.503	1.112
		国有控股	4308	12.007	3.584	8.068	1.059
中间投入	Lnm	民营	5574	26.285	11.970	20.014	1.319
		国有参股	2562	25.008	12.664	20.214	1.375
		国有控股	4308	27.000	15.481	20.873	1.455
投资	Lni	民营	5574	23.083	7.986	18.083	1.411
		国有参股	2562	23.022	9.145	18.140	1.628
		国有控股	4308	23.939	10.429	18.466	1.703
企业年龄	Age	民营	5574	41	0	12.533	5.389
		国有参股	2562	40	0	13.981	5.505
		国有控股	4308	49	1	13.985	5.198

　　其次，国有控股的制造业上市公司的观测值共有 4308 条，少于民营制造业上市公司的观测值；总产出、资本、中间投入、劳动和投资额的最大值分别为 27.003、25.360、12.007、27.000 和 23.939，最小值分别为 16.612、15.489、3.584、15.481 和 10.429。这五个指标的均值均高于民营制造业上市公司各项的均值，说明国有控股的制造业上市公司比民营的制造业上市公司拥有更好更多的要素投入，其产出水平也比较高，但其标准差也高，说明国有控股的制造业上市公司内部差异较大。从企业年龄来看，国有控股的制造业上市公司的存在时间比较长，从 1 ~ 49 不等，其均值为 13.985，明显高于民营的制造业上市公司，而其标准差却为 5.198，小于民营制造业上市公司。

　　最后，国有参股的制造业上市公司的观测值共有 2562 条，显著少于民营和国有参股的制造业上市公司的观测值，仔细对比可以发现其总产出、资本、中间投入和投资额这四项指标的最小值、均值、标准差都介于民营和国有控股的制造业上市公司相应指标之间，但它们的最大值都小于上述两种性质公司的最大值。劳动指标的均值虽然介于民营和国有控股之间，但其最大值和最小值较小，标准差较大。再来看企业年龄的分布，虽然国有参股的制造业上市公司企业年龄的最大值是这三个样本中最小的，但其均值并不明显低于民营和国有控股样本的均值，同时，其标准差是三个样本中最大的，这说明国有参股的制造业上市公司之间的企业年龄极差虽然小，位于 0 ~ 40，但这个样本中各个公司的具体年龄之间的差别是较大的。

表 6 - 32 给出了模型中有关变量的统计值。我们可以看到国有参股的制造业上市公司的全要素生产率介于 2.645 ~ 6.399，均值为 4.254，标准差为 0.353，分布比较集中。而国有股份持股比例介于 0 ~ 0.397，均值为 0.060，标准差为 0.066，国有持股比例普遍较低，而其平方项变化更加平缓。由于各企业主营业务不同，其表现出来的各个方面的能力也就有较大的差异，特别是表现企业经营能力的存货周转率和相对价值指标的市盈率，前者由于企业生产产品的体积、价值等不同，其周转速度就会有很大的差异，后者反映了市场对企业前景的看法。除此之外其他几项指标就相对比较集中，各个企业所表现出来的能力水平差异较小。

表 6 - 32   国有股份持股比例对 TFP 影响分析的有关变量

变量性质	变量	观测值	最大值	最小值	均值	标准差
因变量	TFP	2562	6.399	2.645	4.254	0.353
自变量	Own	2562	0.397	0	0.060	0.066
	Own2	2562	0.158	0	0.008	0.017
控制变量	R&D	2037	0.194	0	0.003	0.011
	Lnsize	2562	25.505	17.303	21.299	1.060
	CR	2562	54.357	0.019	2.999	4.246
	LEV	2562	13.711	0.0148	0.421	0.572
	ITR	2562	45256.390	0.008	22.045	894.029
	ROE	2562	21.348	- 14.706	0.081	0.689
	TAGR	2561	18.391	- 0.798	0.281	0.737
	P/E	2437	52681.760	- 72348.000	87.092	1836.002

2. 国有参股的制造业上市公司的 TFP 分析

如图 6-7 所示的核密度函数中可以看到,我们所估计 TFP 值的分布比较集中,两端的极大、极小值差异也不是很大。TFP 值主要位于 3.5 ~ 5,以 4.2 左右为最多。这一结果与鲁晓东和连玉君(2012)使用 OP 和 LP 方法、杨汝岱(2015)使用 OP 方法、叶刘刚和黄静波(2016)使用 OP 方法对工业企业数据库中制造业 1999 ~ 2007 年 TFP 的估计值十分接近。

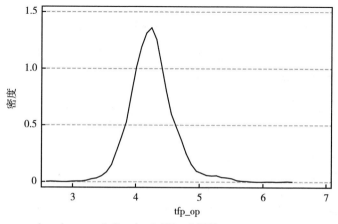

kernel = epanechnikov, bandwidth = 0.0555

图 6-7 国有参股制造业上市公司 TFP 的核密度函数

参考杨汝岱(2015)对企业全要素生产率的演进分析所选用的方法,本书选择总产出、实际资本存量和员工人数作为权重将企业层面的 TFP 加权得到各个年份所对应的整体加权 TFP,并以总产出为权重的 TFP 为基准,分析其变化趋势。

我们通过计算发现,TFP 值总体呈现上升趋势,从 2005 年的 4.255 增加到 2016 年的 4.509,增长了 5.96%,简单平均年增长速度为 0.54%,环比年平均增长速度为 0.55%。2005 ~ 2008 年增长速度较快,简单平均年增长速度为 2.08%,环比年平均增长速度为 2.05%。以实际资本存量和员工人数加权计算的 TFP 值在 2005 ~ 2016 年间分别从 4.214 和 4.165 增加到 4.424 和 4.441,简单平均年增长速度分别为 0.45% 和 0.60%,环比年平均增长速度分别为0.45%和0.59%，各权重所计算出来的TFP值及其增长速度相差不多。该数值与鲁晓东和连玉君（2012）、杨汝岱（2015）使用工业企业数据库估计1999~2007年的TFP的结果非常接近。在2009~2011年间，TFP值比较稳定，几乎没有什么波动，但在之后的三年内波幅较大，2014年以后TFP虽然恢复其递增的趋势，但还未达到2009~2011年的水平，这与李等（Li et al.，2018）的结果相近。

3. 国有参股、国有控股与民营的 TFP 对比分析

图6-8给出了使用OP方法估计的国有参股、国有控股、民营的制造业上市公司的全要素生产率的核密度函数图，其中"1"代表民营公司，"2"代表国有控股公司，"3"代表国有参股公司。

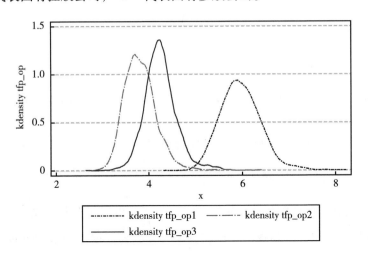

图 6-8 国有参股、国有控股与民营的 TFP 核密度函数

可以看到，国有控股公司的全要素生产率是最为集中的，但却是三个样本中绝对值最小的，大致分布在3~5。民营制造业上市公司的全要素生产率分布相对而言比较广泛，在4~8，并且从5左右开始就一直高于民营和国有参股公司的TFP值。而国有参股的制造业上市公司的TFP值整体分布在国有控股和民营公司的TFP值的中间，其TFP值分布较为集中且众数约为4.2，峰值高于其他两种性质公司的峰值。该图准确反映了现实状况，即民营公司的全要素生产率明显优于国有控股公司的全要素生产率，而混

改后的国有参股公司的生产率也优于国有控股公司的生产率。

仍是以总产出作为权重计算的 TFP 之间的比较。从图 6 - 9（a）中可以看到，民营的制造业上市公司的加权 TFP 在各年间都是最高的，其次是国有参股的制造业上市公司的加权 TFP，最后是国有控股的制造业上市公司，三种性质公司的加权 TFP 在图中均有较明显的差距。在三个样本中，走势最稳定的是国有控股的制造业上市公司，其在 2005 ~ 2016 年间呈现出一个较稳定的上升趋势，但其增速较低，而民营的制造业上市公司的加权

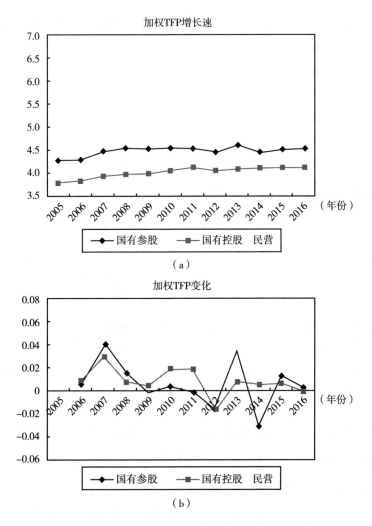

图 6 - 9　国有参股、国有控股与民营的加权 TFP 变化

TFP虽然高，但在各年之间波动较大，有较明显的波峰波谷存在。而从图6-9（b）中的增长速度变化情况可以看出民营制造业上市公司的加权TFP的变动是最大的，而国有参股和国有控股的制造业上市公司的波动性相差不多。除去国有参股的制造业上市公司在2012~2014年有较大的波动外，总的来说，国有参股的制造业上市公司的加权TFP虽然在近几年内的增速不如之前的增速快，但其在绝对数值上还是高于国有控股的加权TFP。

4. 国有参股制造业上市公司中不同参股份额的 TFP 对比分析

为了进一步分析什么样的参股水平较为合理，我们将国有参股的制造业上市公司样本按照国有股份持股比例大小，以5%为组间距分为了5个子样本加以比较，以探究处于哪个区间的参股份额是最优的。

从表6-33中可以看到，在国有参股样本中，国有股份持股比例在0~5%的观测值是最多的，而且随着国有股份持股比例的增加，各子样本观测值迅速减少。由此可知，在对制造业企业进行投资时，国有资本更倾向于选择较低的参股份额。

表6-33　　　　国有参股制造业上市公司国有持股比例之间的 TFP 比较

国有持股比例（Own）	观测值	最大值	最小值	均值	标准差
0≤Own<5%	1601	6.399	2.674	4.283	0.346
5%≤Own<10%	440	5.532	2.645	4.212	0.369
10%≤Own<15%	246	5.437	3.258	4.189	0.351
15%≤Own<20%	124	5.482	3.379	4.129	0.325
Own≥20%	151	5.254	3.354	4.272	0.372

同时将表6-33中的按国有股份持股比例分组的组内、组间的最大值、最小值加以比较可以发现，在国有股份持股比例越低的样本中，这两个数值的差值就越大，整个国有参股的制造业上市公司的全要素生产率的最大值出现在第一组，而最小值却出现在第二组，但各组样本观测值的标准差相差不多且数值较小，说明各组内的全要素生产率值分布比较集中。将各

组均值加以比较可以看到，当国有股份持股比例小于 5% 时，平均的全要素生产率最高，随着国有股份持股比例的提升，全要素生产率呈现先降后升的趋势，转折点出现在 20% 这一持股比例上。而且从数值来看，当国有股份持股比例为 0 ~ 5% 时，TFP 能达到最高，但各组均值之间的差异不大。

5. 国有资本持股比例对 TFP 影响的实证分析

出于稳健性考虑，表 6 - 34 同时给出了采用 OP、LP 方法下的全要素生产率回归结果，表 6 - 34 中的 TFP_OP、TFP_LP 分别表示 OP、LP 方法计算的全要素生产率作为因变量的回归结果。

表 6 - 34　　　　　　　国有参股的制造业上市公司的回归结果

变量	(1) TFP_op	(2) TFP_op	(3) TFP_op	(4) TFP_lp	(5) TFP_lp	(6) TFP_lp
Own		- 0.070 (-0.40)	- 1.080 *** (-2.72)		- 1.116 *** (-4.07)	- 2.461 *** (-3.94)
Own2			4.576 *** (2.83)			6.089 ** (2.40)
R&D	- 3.677 *** (-5.50)	- 3.697 *** (-5.52)	- 3.766 *** (-5.63)	0.869 (0.82)	- 0.558 (0.53)	0.466 (0.44)
Lnsize	0.126 *** (8.96)	0.126 *** (8.94)	0.123 *** (8.69)	0.428 *** (19.19)	0.424 *** (19.15)	0.420 *** (18.91)
CR	0.005 ** (2.35)	0.005 ** (2.37)	0.004 ** (2.25)	- 0.005 (-1.61)	- 0.004 (-1.41)	- 0.005 (-1.52)
LEV	- 0.024 (-1.14)	- 0.024 (-1.15)	- 0.024 (-1.15)	- 0.058 * (-1.76)	- 0.063 * (-1.93)	- 0.063 * (-1.94)
ITR	0.000 *** (2.97)	0.000 *** (2.97)	0.000 *** (2.95)	0.000 *** (5.24)	0.000 *** (5.30)	0.000 *** (5.29)
ROE	0.000 (0.38)	0.000 (0.37)	0.000 (0.42)	0.000 (1.11)	0.000 (1.02)	0.000 (1.07)
TAGR	0.007 ** (1.96)	0.007 ** (1.98)	0.007 * (1.95)	0.012 ** (2.19)	0.013 ** (2.42)	0.013 ** (2.39)

续表

变量	(1) TFP_op	(2) TFP_op	(3) TFP_op	(4) TFP_lp	(5) TFP_lp	(6) TFP_lp
P/E	-0.000 (-0.71)	-0.000 (-0.70)	-0.000 (-0.66)	-0.000** (-2.01)	-0.000* (-1.93)	-0.000* (-1.89)
_cons	1.580*** (5.41)	1.590*** (5.42)	1.689*** (5.73)	3.606*** (7.81)	3.768*** (8.18)	3.900*** (8.42)
N	2009	2009	2009	2009	2009	2009
R2	0.161	0.161	0.157	0.544	0.538	0.542
F	8.27	7.82	7.87	38.31	37.55	36.01

注：括号内为 t 统计量，***、**、* 分别代表在 1%、5%、10% 的水平上显著。

其中，列（1）至列（3）的被解释变量为使用 OP 方法计算的 TFP，列（4）至列（6）的被解释变量为使用 LP 方法计算的 TFP。在列（1）无国有资本持股比例项，发现企业规模、流动比率、存货周转率和总资产增长率与 TFP 显著正相关，而 R&D 投入与 TFP 之间显著负相关。在列（2）加入国有资本持股比例一次项，发现该项的加入几乎没有对回归结果产生什么影响。在列（3）中进一步引入国有资本持股比例的平方项，这时其一次项与 TFP 之间显著负相关，平方项与 TFP 显著正相关，也就是说国有参股的制造业上市公司的 TFP 与国有资本持股比例之间存在一个"U"型关系，即存在一个拐点，当国有资本持股比例处于该值的左方时，越接近于这个值，国有参股的制造业上市公司的 TFP 就越低，一旦超过这个值即处于该值的右方时，离该值越远，其 TFP 就越高。列（4）至列（6）是使用 LP 方法计算出来的 TFP 的回归结果，从主要结果来看，大部分还是和列（1）至列（3）所展示的结果相同，特别是列（6）中国有资本持股比例的一次项和平方项。说明国有参股的制造业上市公司的 TFP 与国有资本持股比例之间存在一个"U"型关系。

从前面对使用 OP 方法计算的国有参股制造业上市公司的加权 TFP 的演进分析可以看到其在 2005 ~ 2008 年间呈现一个上升的趋势，而在 2009 ~ 2016 年间却停滞不前。为了了解国有资本在其中扮演了怎样的角色，将其分为两个阶段分别回归，结果如表 6 - 35 的列（1）和列（2）所示，可以看到在 2005～2008 年间，国有资本持股比例对 TFP 没有显著影响，但 R&D 投入在 10% 的显著性水平上与 TFP 正相关，存货周转率与总资产增长率与 TFP 显著正相关；而在 2009～2016 年间，国有资本持股比例与 TFP 之间存在"U"型关系，此时的 R&D 投入显著为负，企业规模、流动比率、资产负债率和存货周转率与 TFP 正相关。列（3）、列（4）展示了 LP 方法计算的 TFP 值在这两个时间段中与国有资本持股比例的关系，同样地，在 2005～2008 年间国有资本持股比例对 TFP 没有显著影响，R&D 投入系数为正但不显著；而在 2009～2016 年间，国有资本持股比例的一次项与 TFP 显著负相关，其二次项与 R&D 投入系数均为正但不显著。从一定程度上说明了在 2008 年及以前，R&D 投入的增加会引起 TFP 的提高，而国有资本持股比例的多少对提高 TFP 没有显著影响；在金融危机之后，面临宏观环境的整体压力，国有资本的投入比例显著影响公司 TFP 值。

表 6－35　　　　　　　　　分阶段的回归结果

变量	(1) TFP_op05－08	(2) TFP_op09－16	(3) TFP_lp05－08	(4) TFP_lp09－16
Own	0.244 (0.07)	−1.117** (−2.50)	−2.935 (−0.67)	−1.561** (−2.37)
Own2	2.271 (0.17)	5.429*** (2.85)	2.568 (0.16)	3.391 (1.21)
R&D	22.032* (1.69)	−3.799*** (−5.57)	19.737 (1.26)	0.020 (0.02)
Lnsize	0.137 (1.50)	0.119*** (6.78)	0.246** (2.24)	0.447*** (17.28)
CR	0.030 (1.49)	0.004* (1.89)	0.051** (2.10)	−0.007** (−2.27)
LEV	−0.003 (−0.05)	−0.046* (−1.95)	0.000 (0.00)	−0.111*** (−3.21)
ITR	0.060*** (3.45)	0.000*** (3.40)	0.117*** (5.62)	0.000*** (6.24)
ROE	0.000 (0.43)	0.000 (0.25)	0.000* (1.87)	0.000 (0.74)

续表

变量	(1) TFP_op05-08	(2) TFP_op09-16	(3) TFP_lp05-08	(4) TFP_lp09-16
TAGR	0.058** (2.64)	0.004 (1.11)	0.118*** (4.46)	0.009* (1.74)
P/E	0.000 (0.94)	0.000 (0.56)	0.001* (1.95)	-0.000 (-0.07)
_cons	0.892 (0.45)	1.787*** (4.85)	6.907*** (2.93)	3.327*** (6.13)
N	194	1815	194	1815
R2	0.174	0.130	0.205	0.536
F	2.07	6.60	4.34	30.38

注：括号内为t统计量，***、**、*分别代表在1%、5%、10%的水平上显著。

6.4.3 研究结论及建议

本部分运用2005~2016年A股制造业上市公司的数据，通过OP方法估算了国有参股、国有控股和民营类企业的全要素生产率（TFP），并就国有资本持股比例与全要素生产率的关系进行了实证研究，结果发现：（1）国有参股制造业上市公司各公司年的TFP值主要位于3.5~5，以4.2左右为最多，以总产出作为权重计算的加权TFP总体呈现上升趋势，从2005年的4.255增加到2016年的4.509，增长了5.96%，简单平均年增长速度为0.54%，环比年平均增长速度为0.55%，以实际资本存量和员工人数加权计算的TFP值与以总产出作为权重计算的加权TFP及其增长速度相差不多。在2005~2008年间TFP增长较快，之后年份里波动较大且有下降的趋势；（2）无论是从核密度函数还是加权TFP值来看，民营制造业上市公司的TFP值最高，其次是国有参股的制造业上市公司，最后是国有控股的制造业上市公司；（3）在国有参股的制造业上市公司中，大部分国有资本更倾向于选择较低的参股份额，且国有资本持股比例与TFP之间整体呈现一个"U"型关系，但该"U"型关系却在2005~2008年间不显著。

基于以上发现，本部分提出以下几点建议。

首先，优化各项资源配置、提高技术转化率、扩大生产规模从而促进全要素生产率的提高。从上面的结果分析中可以看出，国有参股的制造业公司的全要素生产率走势不容乐观，可以看到全要素生产率在 2005 ~ 2008 年间增长速度较快，与 R&D 投入正相关而与国有资本持股比例无显著关系；而在 2009 年及以后增速放缓甚至还有下降的趋势，此时 R&D 投入显著为负，且全要素生产率与国有资本持股比例呈现 "U" 型关系，这可能是由于金融危机的产生使得整体经济面临较大的压力，此时国有资本的投入对生产率产生了一个拉动作用，而生产率提升与技术、效率与规模效应相关性高。效率的高低和资源配置高度相关，资源配置得当（如此时国有资本的投入）就能发挥各自的优势，从而使其在同一成本水平上效率提高，资源的优化配置还能使各项资源的价值得到充分利用，减少浪费。但国有参股的制造业上市公司在 2009 年后 R&D 投入的增加并没有提高全要素生产率，反而起到了副作用，说明面临经济整体的压力，仅靠增大 R&D 投入额并不能提高技术，而应该要注重投入与应用的转化。而公司规模与全要素生产率显著正相关，公司应该扩大其规模以形成规模效应从而提高全要素生产率。

其次，应积极发展国有资本入股的混合所有制经济。本部分研究发现，民营公司的全要素生产率是最高的，其次是国有参股公司，最低的是国有控股公司。虽然民营公司的全要素生产率最高，但鼓励国有资本进行参股会提高之前国有控股公司的生产率，同时对一些经营状况不好的民营企业鼓励国有资本参股也会改善其现有状况，提高生产率。因此，促进国有资本和民营企业的股权融合，有利于资本间相互监督，充分发挥各自的优势。

最后，在国有参股的制造业上市公司中鼓励较低国有资本持股比例的参与。从前面的结果分析可知，国有资本持股比例与全要素生产率之间呈现 "U" 型关系，当公司性质处在国有参股的情况下，国有资本持股比例在最小值左方时，越接近于这个值，国有参股的制造业上市公司的全要素生产率就越低，一旦超过这个值即处于该值的右方时，离该值越远，其全要素生产率就越高。而公司性质为国有参股的，即是说国有资本在公司的资本结构中所占份额要低于50%，并且国有股东也不是企业的实际控制人，那么这一部分资本留在企业内部更多的是为了获利，在这种情况下，国有资本的多少对公司生产经营的重大决策没有太大的影响。由于国有资本只是参股制造业上市公司，国有资本持股比例与全要素生产率之间呈现"U"型关系，过多与过少的份额效果是一样的，从国家鼓励改革的趋势来看，可以选择以较低的份额参股，而且从全要素生产率分组对比的结果来看，较低的国有资本持股比例情况下的全要素生产率略高于较高的国有资本持股比例情况下的全要素生产率。

第 7 章

政策建议

根据本书的研究，我们认为，在新时期，应通过多元化的并购手段发展混合所有制。具体来说，从企业股权结构层面，经营与治理层面，完善混改机制层面，配套制度设计层面，提出相应的政策建议。

7.1　企业股权结构层面

（1）从制度和政策设计上进一步明确国有和非国有两种资本形态的平等地位。一方面，要通过更加完善的政策设计明确不同资本在市场当中的平等地位，逐步放开资本流动政策性限制，在保障国有资本不流失的大前提下尽可能地放开行业准入门槛，完善由市场秩序主导的资本自由进入和退出机制。特别是对于以往由大型国有企业垄断的电力、通信和能源等行业，在政策设计上要引导其适当地引入非国有资本，如这些垄断性的国有企业，在目前适当放开产业链下游业务向非国有资本开放的基础上，可逐步进行产业链中游业务的开放，并在制度和政策上予以体现。

（2）加强企业混改的股权结构治理。合理的股权结构设计是公司治理的重要组成部分，第一大股东过大的股权会使得公司的决策导向有偏，则需要第二大股东与之相互制约平衡；对于多以国有资本为最终控股方的国有企业混合所有制企业，资本市场中"一股独大"的现象比较普遍，而绝对话语权也使得股权制衡结构、公司决策有效性与公司治理架构改革的实际落实受到较大影响。应加大以兼并重组参与混改企业的股权分配治理力度，对不同行业的国有企业混改股权结构及股权集中度设置一定的目标范围，例如，在自然垄断行业中确保国有资本的绝对控制地位，但应缩小与民营资本股权比例间的差距，适当加强与社会资本的合作；在其他垄断行业中，应重视前二大股东的相互制约力，以防止过高的股权集中度对企业价值的负面影响。混改企业可根据功能定位，引入高匹配度、高认同感、高协同性的战略投资者，调整优化企业股权结构。为增强企业活力和放大国有资本功能，可考虑向战略投资者释放股权，让战略投资者在董事会中能够占有一定比例的席位并积极参与公司治理，充分发挥股东作用。

（3）探索实践国有股转优先股，提升国有资产盈利能力。优先股作为以更高的固定收益代替企业控制权的特殊性质股票种类，加之其独特的优先清偿权，在混改实践中可以作为提升国有资本收益率且同时更好保持混改企业活力的适中措施。国有股转优先股的概念在国有企业改革进程中很早就被提出，但由于股权改革是混改的重心且其与公司发展阶段与未来发展潜能挂钩，仍需合理防控风险，国家在此方面多持探索态度，逐步、稳步推进。目前，优先股更多地被作为融资渠道，且由于在现行政策下发行优先股的门槛较高，所起的作用相对较小。

除战略性重点行业领域外，对在充分竞争领域的国资企业来说，应适当放宽优先股设置准入条件，逐步加大国有股权转化为优先股，可对企业收益权与控制权进行制衡，在保证其经营权的独立性前提下提升国有资本的收益；同时应注意普通股股东与优先股股东间的公平问题，设计好二者转换的机制，避免影响投资者积极性。对处于国有资本集中的重要行业和关键领域，在做混改股权结构设计时，考虑发挥战略投资者作用的同时还应仔细考虑如何保持国有资本的控制力和影响力；为了保障混改后国有股东的利益，可以考虑优先股、黄金股、特殊管理股等享有特殊权力的股权设计。

（4）企业内部控制权结构和股权集中度改革。在控制权结构改革的过程中应注意既要保障国有资本的合法权益，同时也要使非国有资本的权益不受侵犯，即合理的控制权配置在两权分离方面应当要保证所有权权利不受侵犯。对于混合所有制企业中可能出现国有股股权过于集中的问题，应当形成合理的大股东持股比例，以及适当的股权集中度，仅依靠外部监管很难形成合理局面，企业内部应建立股权制衡的内部管理机制，如以多数股东的绝对所有权联合制衡最终控制人。这种制衡局面应当和董事会监事会的监督功能共同运作。为了提升控制权拥有者对于控制权的使用效率，应当同时建立相应的管理者薪酬激励机制，从而降低企业内部的委托代理风险。建立和完善经理层成员任期制和契约化管理、职业经理人制度等市场化经营机制，综合运用员工持股、跟投、超额利润分享等长期激励约束手段，通过更加市场化的机制，提高国有企业活力和效率、提升自主创新能力。

7.2 公司经营与治理层面

（1）通过更加完善的政策设计推进公司治理理念的渐进改革，国有大股东的治理理念应由"管理企业"逐步向"监管资本"转变。推进国有资本管理理念的改变，最主要的一点就是适度放松国有控股股东对企业运营和发展的管理权利，让企业更积极地参与市场化竞争，充分释放资本的活力与潜力。具体的制度设计可以从政企分离和产权制度等方面着手展开，在企业实体运营上进行权利松绑，进而实现真正意义的政企分离。对国有企业集团相对控股的混合所有制企业以管资本为主，以公司章程为依托对混改企业授权放权，落实混改企业董事会职权，重点抓好事中和事后监管。国有股东通过股东会行使股东职权，并通过向董事会派出股权董事表达股东意愿，不干预企业日常经营活动，充分发挥战略投资者的作用和利用其资源，以更市场化的机制强化激励、提高效率。同时，通过混改，国有企业在产业链、供应链、创新链上与民营企业、中小企业和其他所有制企业不断深化合作，形成相互融合、共同发展的局面。

（2）持续推进国有企业经营管理机制改革，增强企业混改的积极性。具体来说，政策设计可以从以下三个方面进行相应地完善：第一，在保证重大风险合理可控的基础上丰富混合所有制改革模式，可逐步引入战略投资者、企业间交叉持股、借助市场力量兼并重组、组成商业联盟及整体上市等改革方式；第二，通过政策的完善提升国有资本与非国有资本的融合效率，以共同助力企业发展，如从政府层面引导和鼓励企业治理层和管理层的重组，形成更加有弹性的公司治理结构等；第三，鼓励和引导企业混合所有制改革后形成更加灵活的股权结构设计，主要可以包括转让股权、增加股份、员工持股等形式，以减少改革阻力。

（3）在混合所有制企业建立起制衡有效、协调运转并保障平等的公司治理框架。对于目前尚未上市的混合所有制企业，政府应当引导其依照上市公司的相关标准，设立保障其权益的公司章程。如关联股东的交易回避、控股股东与公司资产及运营的独立性等。对于已经上市的混合所有制企业，应建立现代的公司治理框架，依照现有法律法规要求，充分发挥独立董事等的监督作用，优化董事会结构，在董事会中形成一定的制衡。

（4）企业要科学制订混合所有制改革方案，不能"为混而混"。要激发企业混改的积极性，需要企业认识到进行混改的必要性。企业应全面分析所处的产业环境与竞争格局，客观分析自身所处的行业地位、优势与劣势，分析当前制约企业发展的主要因素，科学制定未来的发展规划，从而进一步明确将混合所有制改革作为促进企业高质量发展的一种有效路径，避免"为混而混"。在混改前的必要性和可行性研究准备工作通过后，应当制订科学全面的改革方案。具体来说，在该阶段需要明晰企业推进混合所有制改革的目标和具体方式、拟释放股权比例、引入股东类型、混改后企业各类资本的比例等涉企业管理与资产处置的办法。

（5）进一步在市场机制框架下推进国有企业"去行政化"。目前，国有企业的去行政化主要指两个基本方面：第一，降低和削弱国有企业的行政影响力，逐步加强国有企业的企业化治理架构与人员层级规范，可保留非市场化聘任高管行政级别，但依旧要将其约束在企业的治理框架之内，即依旧要按照相应的考核机制，对其管理行为加以激励和约束，并在此基础上根据企业经营业务的异质性做出特殊安排；第二，政府要大力鼓励和引导发展职业经理人市场，国有企业高层管理人员聘任中要尽可能地提高通过市场聘任公司管理人员的比例，减小政府直接委任等非市场化聘任的比例，为提升企业市场竞争力，实现政企分离打下基础。

（6）积极推进经理人任期制与契约化管理，加强信息披露，完善激励机制。应积极推进职业经理人任期制与契约化管理，通过与管理层成员签订岗位聘任协议和综合绩效考核责任书，到期重聘，通过权责清单的方式，规范董事会（或控股股东）与经理层及其他经理层成员间的权责关系，降低委托代理的信息不对称性，保障混改企业决策者与公司利益的一致性，从而降低企业控制权所有人与所有权所有人关于公司决策的分歧导致的决策效率低下。具体可以出台职业经理人资格认证制度，建设配套审核流程，并在契约化管理过程中完善激励机制，完善对经理人及员工持股激励措施，并加强定期的信息披露公开与会计审核，降低国有资产流失风险。

（7）合理选择并购方式，提高混合所有制改革的效率。并购是形成混合所有制的一种有效手段，并购方式的选择影响混合所有制改革的效率。建议企业依据不同的并购目的，如整合专业性资源、破除行业进入壁垒、扩大业务范围、延伸产业链、提高创新能力等选择横向并购、纵向并购还是混合并购。另外，属地并购还是异地并购也会影响并购效率。一般地，传统的"行政壁垒和地方保护主义"会加大异地并购的交易成本和风险，但异地并购也有利于企业实现协同效应及培育新的利润增长点。因此，企业应根据自身的发展需要，结合各地区优惠政策，评估交易成本与并购风险，选择合理的并购方式。

（8）促进资本、资源、人员和文化的有效整合，提高混合所有制企业的生产效率。混改不仅是完成国有资本与非国有资本的混合，还是资源、人员和文化的混合，完成混合所有制改革的企业要对上述要素进行有效整合，才能提高企业的生产效率。发展混合所有制的主要目的是实现不同类型所有制资本的共同发展，因此需要兼顾国有资本与非国有资本各自的核心利益，建立规范透明的利益分配制度，既要避免国有资产流失，也要规避民营企业的"嫁衣风险"。要实现资本的有效整合还需进行合理的控制权配置，进行股权制衡，不断完善公司治理机制。充分保障民营股东的话语权，着眼于治理实践而非形式上的股权比例，形成真正意义上的相互制约和监督，从而提高混合所有制企业的治理效率。鼓励企业从多种路径开展混合所有制改革，进行市场化的资源整合，整合生产技术与业务资源，取长补短，把企业做强做大。

建立市场化用工制度，调动经理人和业务骨干的积极性，实现人员有效整合。尽量保留民营股东的董事会席位以保障民营股东的话语权；积极推进职业经理人制度建设，完善薪酬分配的市场化；对混改后的企业，完善员工的长期激励机制建设，探索员工持股的可行性，适当开展市场化竞聘，以提高员工的积极性；探索完善约束机制，可采取业绩考核、经济责任审计、追索扣回、延期支付等措施。

促进文化融合，提高混合所有制改革的成功率。文化融合是一个长期过程，文化整合的成功与否关系着混改的效果。应在相互尊重与制约、保障各方核心利益、公司法人治理机制顺畅运转的基础上整合国有企业管理文化规范、系统、全面等优势与民营企业高效、灵活、创新等优势，实现文化的有效整合，提高企业的运转效率。在改革过程中，应提前针对文化整合进行尽职调查，制订周密的整合计划以减少整合摩擦；引入专职的整合人员负责文化整合，促进企业内外有效的沟通交流；建立沟通渠道，保证各类信息畅通以便员工可以了解改革开展的情况，降低信任危机。

（9）公司制度的变革应以适应外部环境的变化为出发点。在对公司进行混合所有制改革的时候，同时应该也要对混合所有制的公司进行相应的管理制度的改革，如管理制度和收入分配制度等，不仅要提高企业的绩效，同时也要承担更多的社会责任，为社会创造更多的价值和效益，例如，相关的公司管理机制和收入分配机制的改革，有效提高混合所有制企业的市场运行效率。

7.3　完善混改机制层面

（1）进一步健全和完善混合所有制改革的程序与方式。混合所有制改革根据企业具体性质的差异采用不同的改革程序与改革方式，如国有企业和国有独资公司进行的混合所有制改造，下属子公司的改造，或是国资对非国有企业的参股和控股等。对此，国有资产和管控部门要针对不同改革种类制定相应的程序和制度，打造适应市场的改革方式。在进一步改革措施设计中，各地政府可以根据行业属性差异，打造本地区行业内的混合所有制改革范例，发挥标杆效应，从而达到规范改革标准，完善改革程序的效果。

（2）建立和完善明确的退出机制。建立完善的资本退出机制是完善公司治理结构、提升企业治理效率的关键环节之一，在混合所有制改革中，完善的退出机制本质是混合所有制企业产权流动性的重要保证，只有在适当的退出机制保护下，资本的流动循环才能更加通畅，市场机制对资本的配置效率才能得到充分释放。这一方面的制度和政策设计应该具体聚焦于企业破产重组法相关法令条文的完善和对企业重组程序的优化等方面之中。

（3）建立公开、透明的信息披露机制，合理保障和维护混合所有制改革过程中公众的基本利益。混合所有制改革是一项复杂且庞大的持续性工程，具有周期长、参与主体多、普适性低的特征，每一家企业在改革推进过程中所面临的问题和遇到的障碍均不相同，提出的具体改革方案和措施也具有较大差异。因此，应当建立起一个公开且透明的信息披露窗口，让包括企业中小股东、员工和本地区社会公众在内的主体对企业改革方法加以了解，从而减缓改革阻力，提供更加高效的改革环境。具体做法上，可以充分利用微信公众号、微博、企业政府网站等社会信息披露平台，对大型企业的混合所有制改革细则进行披露和注释说明。此外，还要建立起行之有效的意见交流和沟通机制，如企业领导、国资委等参与改革过程的主要主体定期举办线上或线下发布会对改革措施及进度加以说明，或通过定期的留言答复等方式回答中小股东及社会公众的问题及建议。

（4）鼓励重点行业多元化并购，加强监管。应加强供给侧结构性改革重点行业如煤炭、化工、电力等传统行业与自然垄断性质行业的多元化并购，改善传统行业分散布局、产能过剩、难变现的资产处置、遗留债务等问题，在国际环境多变，国内"双循环"的契机下，重新进行产业链、供应链的配置和布局，特别是在数字经济时期，传统行业应借助数字化进程的发展，积极地通过多元化并购进行转型。一方面，横向、纵向并购可内化企业间交易成本，加强企业的规模、协同效应，加强产业链延伸发展，加大产业集中度与集群化高效发展；另一方面，国有资本和民营资本的混合所有制改革可丰富所有制结构，为国有企业带来公司治理架构改革与技术革新，提升企业效率。除此之外，技术的引进可提升传统行业的清洁、绿色程度，加快国有企业的数字化发展。可适当简化相关行业兼并重组流程，给予适当兼并过程中的资金借贷优惠，兼并后的税收优惠及补贴，降低企业兼并重组成本以提效。除此之外，应重视并购的流程及后续的跟踪监督，对于不同发展水平国有企业进行并购重组方式及着重点的引导激励，并在长期中进行企业绩效与混合所有制股权、控制权结构的关联性动态监管跟踪，确保混改企业的稳定发展。

（5）多元化并购发展混合所有制要分类推进改革，分层进行治理。根据我们的研究结论，混改具有异质性，要依据不同企业具体情况，选择恰当的方式，根据发展情况、地区、具体企业进行不同的制度安排，分类实质性地推进混合所有制改革，做到"一企一策"，注意不可以盲目求快，混改应因材施教，灵活实施，考虑到不同契约环境以进行分类改革。对于发达地区，混改可能是市场化自然发展的结果，而对于欠发达地区，混改可能需要地方政府参与推进。对混合所有制企业分层推进改革，由于各个企业处于不同的行业领域，面临着不同的竞争特性，要优先考虑对社会经济发展产生重大影响的企业，发展改革符合自身状况的治理机制和管理制度的要求，建立多元化的企业所有权结构，然后根据分层改革的效果进行全面的推进改革进程。对混合所有制企业进行分类改革，对垄断类混合所有制企业进行重点改革，不断尝试打破垄断的不均衡局面，提高资源的效率；针对公益类混合所有制企业应该投入资源去支持发展，应注意国有资本目前在不同领域所占的比例，充分发挥国有资本在混合所有制经济中的控制力和影响力。

（6）针对不同行业的特点，采取不同的针对性措施。首先，资源密集型行业中的公司大多数都属于垄断性质的公司，所以国有股份不可能被大规模的转让和出售，可能发生小规模的股权转让事件。同时，资源密集型行业的发展潜力一般由资源禀赋所决定，因而股权结构的变化也不能改变企业的未来发展方向和能力。因此，对于资源密集型行业的企业，在进行混改时，应要注意吸引不同所有制的公司进行交叉持股，降低外来非国有资本对企业的话语权。与此同时，要对国有资产进行监管，明确规定政策的红线，以避免国有资产的流失。同时，在股权转让的时候，应当保持采用竞争性和公开性的手段，制定合理的改革计划和方案，为非国有企业提供更加公平的竞争环境，有利于国有股份的转让和出售，促使其向民营企业的发展，降低国有股份的数量，推动国有企业混合所有制的深化改革。

其次，对于劳动密集型行业中的公司，在产品生产过程中劳动生产消耗的比例巨大，当我国有着充足的劳动力时，能够有效利用劳动力低成本的优势获取较高的利润，然而随着我国人口红利逐渐消失，劳动密集型行业的企业很难再获取高额利润，股权结构的变革很难从根本上消除这一宏观因素造成的后果，对于这些公司，想要适应现代经济社会的发展模式，寻求存活下去的转型之路，企业应该加大在技术研发上的投入，国有上市公司在进行股权转让时应注意受让方是否能够在一定程度上推动企业的技术进步，是否能够为企业带来技术创新的可能与机遇，以提高劳动生产率。

（7）制度上鼓励国有资本投向民营企业，灵活发挥国有资本的作用。目前比较多见的混改模式是国有企业引入非公资本，但混合所有制改革可以是双向的。国有资本入股民企，一是在民营企业遭遇困难之时，国有资本入股为民企"纾困"，在特殊关键时期发挥国资国有企业在畅通循环、稳定增长方面引领带动作用。二是在国家战略鼓励发展且符合国有企业自身产业结构调整方向的领域，通过混资本、改机制，把国有企业的实力、民营企业的活力结合起来，形成新企业的竞争力，国有企业民企相互促进、共同发展，同时放大国有资本功能。国有企业或国资背景的基金投资民营企业，首先双方要经过双向选择和深入沟通，除了双方产业契合、文化相通、愿景一致之外，形成一套国民共进、有效制衡的治理结构对混改成功来说至关重要。尤其是国有企业控股上市民企，必须要尊重企业既有的市场化管理规则和上市公司管理办法，通过派出的股权董事、监事等参与混改企业的重大事项决策，依托法人治理结构实现国有资本监管目的，同时保持企业的市场活力和经营动力。

7.4 配套制度设计层面

（1）在进一步推进混合所有制改革的同时，也应当积极完善辅助和配套政策的设计，如知识产权保护制度和人事分配制度。对于竞争性强的行业，企业的竞争水平高低主要取决于其自身技术创新实力，在公司进行混合所有制改革以后，新吸入的其他资本往往不仅可以改善企业的治理环境，也能够更好地促进企业创新投入的增加。因此完善知识产权保护制度、营造更加良好的创新环境也会对减小企业混合所有制改革阻力提供有利条件。具体地，可以从完善《中华人民共和国专利法》，查漏补缺，建立和补充与互联网产业等新业态相匹配的知识产权保护法令等方面入手，持续优化和健全市场竞争机制。在人事分配制度中，要通过更加合理有效的制度安排，减小国有企业减员增效、下岗分流几年后又走回老路的情况，即保持改革的持续性，具体地，各地方国资委可以通过设计更加完善的国有企业分配年度报备和审核安排来延续和巩固改革成果。

（2）完善制度建设，进一步规范混改工作程序和工作要求，创造良好制度环境。国务院及部分省市已颁布指导国有企业混改工作的政策性文件，在总体要求、改革方式等宏观层面进行指导，但目前相对缺乏指导混改工作落实的具体制度。对此，相关资产管控部门应制定具体程序和规则，规范引导企业进行混改工作，制订合法合规完整的改革方案，同时进一步完善资格审查、信息公开等程序，切实推进混改工作稳步进行。另外，各地政府可以根据当地的资源禀赋、产业结构与优势行业，从实际出发完善改革方案和相关配套措施，提高混改工作的效率与改革成功率。

（3）完善资本市场工具，促进市场化并购重组。企业混改不仅是股权多元、更是实现资产资本化的过程，涉及资本市场融资、资产价值发现、交易定价等，资本市场环境的维护更为重要，从政策制定上，应支持国有企业依托资本市场开展混合所有制改革。因此，各交易机构应完善服务专项制度，各级国有资产管控部门与市场监管部门应规范监管和审批流程，各市场交易主体"自查自纠自防自律"。

（4）加强契约环境建设。长期来看，契约环境对混改企业的运营效率有提升作用。市场的法律环境等方面对完善契约环境建设意义重大。在法制方面应完善司法制度，保障市场秩序与企业运营的效率，可设立专门的混改监督管理机构，健全对非公有制资本的申诉通道，加强法律保障，在企业内部设立专员，加强对企业的专业性引导与监督；在全国统一大市场的背景下，应加快建设统一的互联网大数据服务平台，以降低公众与公司、公司间的信息不对称性、提升相关部门的监管效率，并加大企业的信息披露与公开程度，进而提升兼并重组在混改中的实践效率。

（5）数字经济时代完善数据产权保护制度，提高数据产权保护意识。2022 年 12 月，中共中央、国务院印发《关于构建数据基础制度更好发挥数据要素作用的意见》（以下简称《意见》），全方位构建了数据要素市场的顶层设计，其中指出"探索数据产权结构性分置制度"，并明确提出"建立数据资源持有权、数据加工使用权、数据产品经营权等分置的产权运行机制"。因此，数据产权确权是数字经济时代企业发展的重要保障，因此应当加强数据产权的保护力度，通过立法及加强执法力度等方式有效推进数据资产交易和产权保护。一是要加快完善我国国有企业数据产权的确权规制，研究制定针对国有数据产权和私有数据产权的保护制度，通过数据资产交易做大做强国有企业，并实现传统行业国有企业的转型升级，同时有效保护私有数据产权的权益。二是要形成清晰明确的数据产权保护法律框架，需进一步推动从立法层面加强数据产权保护，更好鼓励社会上各类经济主体创新发展的积极性，促进不同所有制的数据资产进行交易，在新时代保证我国经济的长期可持续健康发展。

（6）完善其他各项法律制度，为多元化并购促进混合所有制发展提供保障。多元化并购促进混合所有制改革需要与之对应的法律制度保护。一是要完善市场化建设，建设一个多种所有制公平竞争，多元化并购发展混合所有制经济的市场，努力做到有序、公平、开放、健康等市场原则，让国有企业和非国有企业在并购发展中各自发挥自己的长处。二是要通过相关法律法规制度避免并购过程中的违法行为，如机会主义，道德风险行为，有效提升混合所有制经济中不同行业、企业、企业家、管理者的自我约束管理，从而正确引导企业相关行为，同时也要对并购程序规范性进行仔细审查，从法律与行政管理规范两方面监管相结合，让企业通过并购推动社会经济进一步健康发展。

（7）提升司法制度落地效率，充分发挥相关行业协会自律作用。由于司法政策的时滞性，短期来讲地区的司法制度可能会对混合所有制企业的绩效产生负向效应，但是长期来讲，地区司法制度的改善能有效地提高混合所有制企业的运营效率，因此应该完善司法制度，为混合所有制企业的运行提供良好的市场环境，同时应该发挥律师事务所、会计师事务所等中介服务组织的作用，积极引导行业协会等非官方组织。

（8）提升有关部门执法效率。纵观我国混合所有制企业改革的历史事件，落实大多是从中央到地方，从局部试点到全面推广的路径，这种推广途径涉及诸多环节，提高各个环节的效率能有效地提高整体改革的效率。同时，政府应该注重发挥行业协会、律师事务所、会计师事务所等中介服务组织的作用，利用非官方组织维护市场法治环境，提高各环节的执法效率，推动整体改革的进度。

（9）活跃产权交易市场。进行产权交易的充要条件是企业主体（股东）的多元化，可以从以下几个方面保证产权交易市场的建设和提升。一是国资委要充分发挥国有资本的监督管理职能，合理布局和调整国有资本，同时发布一些关于国有资本退出领域行业发布的指导性政策文件，规范管理企业退出的途径，方法，鼓励国有资本的退出能够在国资委部门的管理下健康展开。二是鼓励企业主动与产权交易平台进行政策的沟通和咨询，产权交易平台也可以向企业宣传其交易规则，实现双向沟通。三是出台法律法规，提高产权交易机构的透明度。产权交易的信息传播和拍卖过程以及产权交易的处理过程应当透明、公开、对称和市场化，并应以公开拍卖和多次招标为原则。四是从公平，公正，实事求是的角度建立国有资本评估机构，作为第三方，计算和评估国有交易资金，并提供最低的交易价格和基准价格，为避免国有资本被低估和抛售，并最大限度地减少退出过程中的公共资本损失。五是加强服务机构的专业能力，增加产权交易数量。由于国有产权交易具有很强的规范性和专业性要求，随着国有企业改革变得越来越广泛和多样，各种产权谈判机构成员的经纪人的能力也应当有相应的提升。

参 考 文 献

［1］艾文冠. 股权结构对上市公司全要素生产率的影响——基于 Olley – Pakes 半参数方法的实证研究［J］. 西南师范大学学报（自然科学版），2017，42（3）：119 – 127.

［2］安维东，赵烨. 创始人政治关联、制度环境与控制权配置——基于创业板与中小企业板上市公司的经验证据［J］. 河北经贸大学学报，2021，42（6）：92 – 101.

［3］曹宏铎，李昊，郑建龙. 公共项目控制权配置研究［J］. 管理工程学报，2014，28（2）：55 – 63.

［4］陈德萍，陈永圣. 股权集中度、股权制衡度与公司绩效关系研究——2007～2009 年中小企业板块的实证检验［J］. 会计研究，2011（1）：38 – 43.

［5］陈林，唐杨柳. 混合所有制改革与国有企业政策性负担——基于早期国有企业产权改革大数据的实证研究［J］. 经济学家，2014（11）：13 – 23.

［6］陈林，翟宇佳，周立宏，等. 上市公司并购行为的规模效率——基于金融体制改革与服务实体经济效率视角［J］. 金融经济学研究，2019，34（5）：151 – 160.

［7］崔淼，欧阳桃花，徐志. 基于资源演化的跨国公司在华合资企业控制权的动态配置——科隆公司的案例研究［J］. 管理世界，2013（6）：153 – 169.

［8］丁清光. 论公司控制权的有效配置［J］. 河南社会科学，2006（2）：21 – 23.

［9］窦炜，刘星，韩晓宇. 控制权配置、投资者保护与投资效率——

一个关于企业投资行为研究的综述 [J]. 中央财经大学学报, 2015 (1): 63 - 70.

[10] 段敏, 方红星. 混合所有制对企业避税的治理效应 [J]. 湖南科技大学学报 (社会科学版), 2022, 25 (1): 73 - 83.

[11] 郝云宏, 汪茜. 混合所有制企业股权制衡机制研究——基于"鄂武商控制权之争"的案例解析 [J]. 中国工业经济, 2015 (3): 148 - 160.

[12] 黄速建. 中国国有企业混合所有制改革研究 [J]. 经济管理, 2014, 36 (7): 1 - 10.

[13] 霍春辉, 王书林. 国有企业的控制权转移效率问题研究——以国有控股上市公司为例 [J]. 经济管理, 2013, 35 (3): 107 - 118.

[14] 季凯文. 中国生物农业全要素生产率的增长效应及影响因素研究——对 32 家上市公司的实证考察 [J]. 软科学, 2015, 29 (2): 41 - 45.

[15] 姜安印, 张庆国. 关系型融资下的科技创业企业控制权配置机制研究 [J]. 兰州大学学报 (社会科学版), 2020, 48 (2): 103 - 112.

[16] 姜硕, 刘旭. 我国上市公司控制权配置问题探讨 [J]. 经济前沿, 2008 (Z1): 113 - 115.

[17] 李东升, 杜恒波, 唐文龙. 国有企业混合所有制改革中的利益机制重构 [J]. 经济学家, 2015 (9): 33 - 39.

[18] 李东升, 刘冰. 中国国有企业经营者控制权配置的演进分析 [J]. 中州学刊, 2011 (3): 61 - 64.

[19] 李广众, 朱佳青, 李杰. 经理人相对绩效评价与企业并购行为: 理论与实证 [J]. 经济研究, 2020, 55 (3): 65 - 82.

[20] 李建标, 王高阳, 李帅琦. 混合所有制改革中国有和非国有资本的行为博弈——实验室实验的证据 [J]. 中国工业经济, 2016 (6): 109 - 126.

[21] 李蒙, 李秉祥, 张涛. 非控股大股东退出威胁对"自利性"捐赠的治理作用——基于控股股东股权质押视角 [J]. 南开管理评论, 2023, 26 (4): 77 - 90.

[22] 李清泉, 李美清. 论企业控制权配置 [J]. 企业经济, 2008

（5）：60 - 63.

［23］李双燕，苗进．差异化股权制衡度、行业异质性与全要素生产率——基于混合所有制企业的证据［J］.经济管理，2020，42（1）：5 - 24.

［24］廖红伟，张楠．混合所有制下国有企业绩效检验与改革构想［J］.学习与探索，2016（4）：108 - 114.

［25］徐虹笃．组织结构、信息体制与企业内部控制模式研究——基于知识共享理论的分析［J］.会计与控制评论，2011，22（4）：140 - 148.

［26］刘汉民，齐宇，解晓晴．股权和控制权配置：从对等到非对等的逻辑——基于央属混合所有制上市公司的实证研究［J］.经济研究，2018，53（5）：175 - 189.

［27］刘泉红，王丹．我国混合所有制经济的发展历程与展望［J］.经济纵横，2018（12）：51 - 60.

［28］刘星，刘理，窦炜．融资约束、代理冲突与中国上市公司非效率投资行为研究［J］.管理工程学报，2014，28（3）：64 - 73.

［29］刘艳．中国现代制造业全要素生产率研究［J］.当代经济研究，2014（2）：75 - 82.

［30］刘晔，张训常，蓝晓燕．国有企业混合所有制改革对全要素生产率的影响——基于PSM - DID方法的实证研究［J］.财政研究，2016（10）：63 - 75.

［31］鲁晓东，连玉君．中国工业企业全要素生产率估计：1999—2007［J］.经济学（季刊），2012，11（2）：541 - 558.

［32］马连福，王丽丽，张琦．混合所有制的优序选择：市场的逻辑［J］.中国工业经济，2015（7）：5 - 20.

［33］毛新述．国有企业混合所有制改革：现状与理论探讨［J］.北京工商大学学报（社会科学版），2020，35（3）.

［34］綦好东，彭睿，苏琪琪．中国国有企业制度发展变革的历史逻辑与基本经验［J］.南开管理评论，2021，24（1）：108 - 119.

［35］邱霞．混合所有制改革的路径分析［J］.西部论坛，2015，25（2）：33 - 39.

［36］屈晶．基于控制权配置的大股东侵占行为研究［J］．天中学刊，2015，30（4）：77 - 82．

［37］瞿宝忠．资源全球化：公司控制权配置本质研究［J］．社会科学，2003（7）：15 - 21．

［38］任曙明，吕镯．融资约束、政府补贴与全要素生产率——来自中国装备制造企业的实证研究［J］．管理世界，2014（11）：10 - 23，187．

［39］沈昊，杨梅英．国有企业混合所有制改革模式和公司治理——基于招商局集团的案例分析［J］．管理世界，2019，35（4）：171 - 182．

［40］沈红波，张金清，张广婷．国有企业混合所有制改革中的控制权安排——基于云南白药混改的案例研究［J］．管理世界，2019，35（10）：206 - 217．

［41］宋波，康年．技术和制度创新驱动下国有企业混合所有制改革的绩效研究［J］．经济体制改革，2021（6）：90 - 97．

［42］覃家琦，杨玉晨，王力军．企业家控制权、创业资本与资本配置效率——来自中国民营上市公司的证据［J］．经济研究，2021，56（3）：132 - 149．

［43］汤吉军．专用性资产投资、企业竞争优势与风险治理——兼论国有企业分类改革［J］．财经问题研究，2017（9）：23 - 29．

［44］涂国前，刘峰．制衡股东性质与制衡效果——来自中国民营化上市公司的经验证据［J］．管理世界，2010（11）：132 - 142，188．

［45］王董，董梅生．改革开放四十年来混合所有制经济发展历程及路径选择［J］．中国发展，2019，19（1）：17 - 23．

［46］王甲国．PE回购退出的国资监管问题——以一起参与国有企业混改的PE回购退出案件为切入点［J］．行政法学研究，2019（2）：78 - 89．

［47］吴秋生，刘文蓉，李喆赟．发起人控制权、机构投资者持股与企业创新——来自创业板上市公司的经验证据［J］．会计之友，2020（22）：72 - 77．

［48］吴淑琨．股权结构与公司绩效的 U 型关系研究——1997 ~ 2000 年上市公司的实证研究［J］．中国工业经济，2002（1）：80 - 87．

［49］武鹏．完善混合所有制企业综合监管体系［J］．学习与探索，2021（12）：148－155.

［50］徐细雄，万迪昉，淦未宇．我国企业高管人员激励机制研究：可转债视角［J］．金融研究，2007（1）：99－108.

［51］徐晓东，陈小悦．第一大股东对公司治理、企业业绩的影响分析［J］．经济研究，2003（2）：64－74，93.

［52］杨汝岱．中国制造业企业全要素生产率研究［J］．经济研究，2015，50（2）：61－74.

［53］叶刘刚，黄静波．国有企业"抓大放小"改革与加总全要素生产率的变化分解［J］．产经评论，2016，7（5）：100－114.

［54］易阳，宋顺林，谢新敏．创始人专用性资产、堑壕效应与公司控制权配置——基于雷士照明的案例分析［J］．会计研究，2016（1）：63－70，96.

［55］殷军，皮建才，杨德才．国有企业混合所有制的内在机制和最优比例研究［J］．南开经济研究，2016（1）：18－32.

［56］张莉艳，付晨曦．混合所有制改革能改善高能力者的分类转移盈余管理行为吗？［J］．经济问题，2022（2）：88－96.

［57］张蕊，蒋煦涵．混合所有制改革、国有股最优比例与工业增加值［J］．当代财经，2018（2）：115－123.

［58］张兆国，陈华东，郑宝红．资本结构视角下国有企业混合所有制改革中几个问题的思考［J］．宏观经济研究，2016（1）：86－92.

［59］张喆，贾明，万迪昉．PPP合作中控制权配置及其对合作效率影响的理论和实证研究——以中国医疗卫生领域内的PPP合作为例［J］．管理评论，2009，21（9）：29－38.

［60］朱荣，张月馨．利益相关者、协同效应及公司控制权配置——基于新黄浦的案例研究［J］．管理案例研究与评论，2021，14（2）：205－216.

［61］Bennedsen M, Wolfenzon D. The Balance of Power in Closely Held Corporations［J］. Journal of Financial Economics, 2000, 58（1－2）：113－139.

[62] Bester H, Kraehmer D. Exit Options in Incomplete Contracts with Asymmetric Information [J]. Journal of Economic Theory, 2012, 147 (5): 1947 – 1968.

[63] Bloch F, Hege U. Multiple Shareholders and Control Contests [J]. Working Papers, 2012.

[64] Dessein W. Information and Control in Ventures and Alliances [J]. Journal of Finance, 2005, 60 (5): 2513 – 2549.

[65] Dimmock S G, Gerken W C, MARIETTA – WESTBERG J. What Determines the Allocation of Managerial Ownership within Firms? Evidence from Investment Management Firms [J]. Journal of Corporate Finance, 2015, 30: 44 – 64.

[66] Dl A, Ling G B, Yl C. State Ownership and Innovations: Lessons from the Mixed – Ownership Reforms of China's Listed Companies [J]. Structural Change and Economic Dynamics, 2022, 60: 302 – 314.

[67] Gebhardt G, Schmidt K M. Conditional Allocation of Control Rights in Venture Capital Finance [J]. Discussion Papers in Economics, 2006, 109: 1211 – 1230.

[68] Gertner R H, Scharfstein D S, STEIN J C. Internal versus External Capital Markets [J]. The Quarterly Journal of Economics, 1994: 109.

[69] Gomes A, Novaes W. Sharing of Control as a Corporate Governance Mechanism [D]. Wharton School and University of Washington, 2005: 1 – 6.

[70] Grossman S J, Hart O D. The Costs and Benefits of Ownership: A Theory of Vertical and Lateral Integration [J]. Journal of Political Economy, 1986, 94 (4): 691 – 719.

[71] Hart O D, Moore J. On the Design of Hierarchies: Coordination Versus Specialization [J]. Journal of Political Economy, 2005, 113.

[72] Hart O D, Moore J. Property Rights and the Nature of the Firm [J]. Journal of Political Economy, 1990, 6.

[73] Hart O, Holmstrm B R. A Theory of Firm Scope [J]. Social Sci-

ence Electronic Publishing, 2010.

[74] Hart O, Moore J. A Theory of Debt Based on the Inalienability of Human Capital [J]. The Quarterly Journal of Economics, 1994, 109 (4): 841 –879.

[75] Jian G A, Zg A, Jtb C, et al. Does the Mixed Ownership Reform Work? Influence of Board Chair on Performance of State – Owned Enterprises [J]. Journal of Business Research, 2021, 122: 51 –59.

[76] Kaplan S N, Stromberg P. Financial Contracting Theory Meets the Real World: An Empirical Analysis of Venture Capital Contracts [J]. Review of Economic Studies, 2003 (2): 281 –315.

[77] Kolaric P, Lopez V G, Lewis F L. Optimal Dynamic Control Allocation with Guaranteed Constraints and Online Reinforcement Learning [J]. Automatica, 2020, 122: 109265.

[78] Lai S, Liang H, Liu Z, et al. Ownership Concentration Among Entrepreneurial Firms: The Growth – Control Trade – Off [J]. International Review of Economics & Finance, 2022, 78: 122 –140.

[79] Li P, Wang H, Zhang J. China's S&T Reform and TFP over Past Four Decades of Reform and Opening – Up [J]. China Economist, 2018, 13 (1): 84 –111.

[80] Lin J Y. State – owned Enterprise Reform in China: The New Structural Economics Perspective [J]. Structural Change and Economic Dynamics, 2021, 58: 106 –111.

[81] Lou Z, Zhu M. Decision Rights Allocation and Innovation: Evidence from China's Listed Business Groups [J]. Finance Research Letters, 2021, 39: 101572.

[82] Maskin E. Nash Equilibrium and Welfare Optimality [J]. Harvard Institute of Economic Research Working Papers, 1998, 66 (1): 23 –38.

[83] Mason R, Weeds H. Merger Policy, Entry, and Entrepreneurship [J]. Economics Discussion Papers, 2007.

[84] Maury B, Pajuste A. Multiple large shareholders and firm value [J]. Journal of Banking & Finance, 2005, 29 (7): 1813 – 1834.

[85] Ml A, Yc B, Ml C, et al. Political Uncertainty and Allocation of Decision Rights Among Business Groups: Evidence from the Replacement of Municipal Officials [J]. Pacific – Basin Finance Journal, 2021, 67: 101541.

[86] Moore J, Repullo R. Subgame Perfect Implementation [J]. Econometrica, 1988, 56 (5).

[87] Myerson R B. Incentive Compatibility and the Bargaining Problem [J]. Econometrica, 1979, 47 (1): 61 – 73.

[88] Olley G S P A. The Dynamics of Productivity in the Telecommunications Equipment Industry [J]. Econometrica, 1996, 64 (6): 1263 – 1297.

[89] Philippe A, Patrick B. An Incomplete Contracts Approach to Financial Contracting [J]. Review of Economic Studies, 1992, 59 (3): 473 – 494.

[90] Richter A, Weiss C. Determinants of Ownership Concentration in Public Firms: The Importance of Firm, Industry and Country Level Factors [J]. International Review of Law and Economics, 2013, 33: 1 – 14.

[91] Satpathy L, Chatterjee B, Mahakud J. Financial Constraints and Total Factor Productivity: Evidence from Indian Manufacturing Companies [J]. Journal of Management Research (09725814), 2017, 17 (3): 146 – 162.

[92] Schmitz P W. Incomplete Contracts, Limited Liability, and the Optimality of Joint Ownership [J]. Economics Letters, 2019, 183: 108558.

[93] Tao F, Zhang H, Hu Y, et al. Growth of Green Total Factor Productivity and Its Determinants of Cities in China: A Spatial Econometric Approach [J]. Emerging Markets Finance and Trade, 2017, 53 (2): 2123 – 2140.

[94] Vauhkonen J. Financial Contracts and Contingent Control Rights [J]. Research Discussion Papers, 2003.

[95] Wang H, Wang W, Alhaleh S. Mixed Ownership and Financial

Investment: Evidence from Chinese State – Owned Enterprises [J]. Economic Analysis and Policy, 2021, 70: 159 –171.

[96] Wang W, Wang H, Wu J G. Mixed Ownership Reform and Corporate Tax Avoidance: Evidence of Chinese Listed Firms [J]. Pacific – Basin Finance Journal, 2021, 69: 101648.

[97] William L., Megginson, et al. The Financial and Operating Performance of Newly Privatized Firms: An International Empirical Analysis [J]. Journal of Finance, 1994, 49 (2): 403 –452.

[98] Zhang X, Yu M, Chen G. Does Mixed – Ownership Reform Improve SOEs' Innovation? Evidence from State Ownership [J]. China Economic Review, 2020, 61: 101450.

[99] Zhao X, Liu C, Yang M. The Effects of Environmental Regulation on China's Total Factor Productivity: An Empirical Study of Carbon – Intensive Industries [J]. Journal of Cleaner Production, 2018, 179: 325 –334.